班主任教你怎样做个好家长

伍文森 / 著

中国妇女出版社

图书在版编目（CIP）数据

班主任教你怎样做个好家长 / 伍文森著. -- 北京 : 中国妇女出版社，2025. 7. -- ISBN 978-7-5127-2499-0

Ⅰ. G782

中国国家版本馆CIP数据核字第20250L21Y8号

责任编辑：丁　鼎
封面设计：MM末末美书 QQ:974364105
责任印制：李志国

出版发行：中国妇女出版社
地　　址：北京市东城区史家胡同甲24号　　邮政编码：100010
电　　话：（010）65133160（发行部）　　65133161（邮购）
网　　址：www.womenbooks.cn
邮　　箱：zgfncbs@womenbooks.cn
法律顾问：北京市道可特律师事务所
经　　销：各地新华书店
印　　刷：天津市新科印刷有限公司

开　　本：145mm×210mm　1/32
印　　张：6
字　　数：160千字
版　　次：2025年7月第1版　　2025年7月第1次印刷
定　　价：49.80元

如有印装错误，请与发行部联系

前　言

我做班主任十几年，见过形形色色的家长。几乎每个家长都有做个好家长的愿望，为了给孩子提供一个良好的成长环境，他们愿意牺牲和付出，可是很多时候，因为各种各样的问题，最后的结果却事与愿违。

在和家长的沟通中，我发现有一些问题相对比较突出。比如，很多家长都对孩子的教育问题充满焦虑，我隔三岔五就听到有家长说，他在辅导孩子写作业的时候又气炸了，想与孩子好好聊聊，但是孩子不搭理，给孩子讲道理他又不听，等等。每当这些时候，家长既担忧又气愤，最后往往陷入教育不好孩子，孩子会比别人差、落在别人后面的焦虑之中。

根据我与孩子和家长多年打交道的经验来看，家长在孩子的教育问题上，不妨多点松弛感，给孩子更多自由的空间，支持他们而不是干涉他们，这样或许会对他们的成长更有好处。毕竟孩子不是谁的附属品，家长教育孩子的目的，是想让孩子变得优秀，变得有能力成为他们自己想要的样子，而不是为了让孩子成为父母想象中的样子。

无论在什么年龄阶段，孩子其实都是渴望被父母尊重、认可和关爱的，当他们体会到这些感受，对父母自然会亲近许多，父母的教育和引导也能事半功倍。尤其是青春期的孩子，他们往往会出现情绪波动大、逆反心理强等让家长头疼的状况，只要家长掌握正确的应对方法，孩子的这些问题是可以化解的。

说到青春期，这在孩子的成长过程中是一个十分重要且敏感的时期，因为这个时期通常伴随着很多避不开的敏感话题，比如早恋、性教育等。很多家长对这些问题的认识存在一定偏差，不是将之视若洪水猛兽而避之不及，就是羞于启齿或不重视。但其实，敏感话题也可以有大大方方的教育和引导方式，父母可以采用合适的方法，对孩子做好正确的引导，这样才能让孩子健康地成长。

在养育孩子的过程中，家长还会面临孩子厌学、社恐、沉迷手机等一系列棘手的问题，但这些问题也并非难以解决，找到孩子这些行为表现背后的原因，问题往往就能迎刃而解。比如，孩子厌学从根本上说是缺乏学习的兴趣和动力，孩子沉迷手机的背后也有着隐藏的心理需求，等等。

在这本书中，我会分享一些我所见过的、经历过的真实案例，为家长在教育、引导孩子方面提供帮助。比如，如何摆脱教育孩子的焦虑；如何增进与孩子之间的感情，让孩子更愿意敞开心扉与自己沟通；如何正确引导青春期的孩子，化解青春期孩子的叛逆行为；如何帮孩子做好情绪管理；如何让孩子主动学习；如何让孩子拥有良好的社交关系；如何让孩子正确使用电子产品；等等。

除此之外，我还会与家长探讨如何与学校和老师做好沟通，以帮助孩子更好地成长。希望这本书能够帮助家长实现成为一个好家长的愿望。

目 录

第一章

班主任教你如何摆脱家长焦虑

辅导孩子作业，家长要多点松弛感

小浩的爸爸曾向我抱怨，辅导孩子写作业太让人崩溃了。他把一道题反反复复讲了将近半小时，嘴都要讲干了，可孩子却还是一脸蒙，再做仍是错误百出。更可气的是，孩子在做作业时一会儿玩玩笔，一会儿说吃点水果，要不然就是喝口水，然后嚷着上厕所。他大声吼了几次后，孩子嘴上答应得好好的，可是没几分钟又变回原样了。

最后，他实在没忍住，一巴掌打过去，本想着吓唬孩子一下，结果孩子刚好转过脸来，正好打在了小浩的右脸上。这下，孩子大声哭起来，他也被吓了一跳，然后就更崩溃了，还是孩子妈妈出面才把情绪安抚下来。

很多家长在辅导孩子写作业时，都会控制不住自己的情绪，不是因为着急而训斥孩子，就是气得崩溃落泪，想要干脆直接甩手走人。可是孩子受到的刺激越多、越强，反而越容易产生厌烦和逆反的心理。家长越着急，孩子往往越容易出错；家长越责骂孩子，孩子越会丧失继续写作业的动力和信心。

在辅导孩子写作业时，家长不妨多点松弛感。只有家长的情绪放松一些，对待孩子时更加心平气和一些，为孩子创造一个温馨、舒适、没有压力的环境，孩子才有可能将家长的话听进去，从而提高学习效率。

班主任有话说

父母在辅导孩子写作业时，已经用了自己认为最简单明了的方式，把一道题讲了一遍又一遍，然而孩子却仍然无法理解。这样的场景不知道在多少家庭中出现过，很多父母也会为此感到困惑和无奈：这明明不难啊，为什么孩子就是听不懂呢？

父母认为并不困难的问题，以及自认为孩子能懂的讲解方式，可能只是站在成年人的角度去看待的。可是对于知识储备、学习经验都比成年人少很多的孩子来说，那些未必是简单的。比如，一道题用方程来解十分简单，于是父母试图用方程教会孩子去解这道题，但忽略了孩子可能还没有学过方程，他听起来自然一头雾水。

对于孩子来说，父母最好的辅导方式，就是站在孩子的角度，用孩子听得懂的语言和能够接受的方式，来传达正确的信息。

低年级的孩子有低年级的“套路”，高年级的孩子有高年级的“诀窍”，不对等的讲解方式对孩子来说可能就如同“天书”般难以理解。

孩子对情绪的感知通常都很敏感，如果父母在辅导孩子作业的过程中产生了不耐烦、愤怒的情绪，孩子会清晰地感知到从父母身上传来的压力，这很可能会使他们的大脑处于“宕机”状态，从而进一步导致他们排斥写作业这件事。

所谓多点松弛感，其实就是希望父母在辅导孩子作业时多点耐心和情绪管理，与孩子说话时的态度能够更加平和一些。孩子只有在松弛、平和的家庭氛围中，才能获得成长所需要的充足的安全感。

班主任为你支招

那么，如何做才是辅导孩子作业的正确方式呢？

◎不要盯着孩子写作业

有些父母在孩子写作业时常盯着孩子看，一旦发现一点儿错误就立即指出。比如发现孩子的字写错了或写得不好看时，他们会一边勒令孩子擦掉重写，一边埋怨、责怪孩子："怎么搞的，又做错了，气死人了！"这种紧张、焦虑的氛围会打消孩子对学习的兴趣。

父母可以让孩子自己独立去完成作业，不要在一旁打扰孩子，不要让孩子在开始学习的时候就感受到压力，要给予孩子足够的学习时间和空间，等孩子做完作业后再检查。

◎指出错误的范围，而不是具体之处

在检查孩子的作业时，如果发现了不对的地方，不要立刻指出具体的错误之处，而是要尝试让孩子自己发现问题。否则这可能会让孩子产生依赖性，想着父母总会发现自己做错的地方，多了一份保障反而会让孩子"消极怠工"。

我在给孩子检查作业时，如果发现了错误，通常会先告诉孩子一个大致的范围，或者在出现问题的地方做个标记，然后鼓励孩子自己进行检查，找出并改正错误。如果孩子成功找到了，我会及时地表扬孩子，这样他在下次检查错题时往往会表现得更积极。

◎通过引导式提问，鼓励孩子自主解决难题

父母要鼓励孩子自主解决难题。如果孩子遇到难以解决的问题而向你求助，你可以通过引导式提问，比如“你觉得这个地方应该用什么公式”，来启发孩子自己找到解决问题的方法，而不是直接告诉孩子答案。如果孩子实在难以解题，你可以给孩子讲解解题的方法与过程，让孩子自己得出结果。

在孩子的朋友圈里，适当保持边界感

冉冉的妈妈找到我，说冉冉最近学习英语的状态很不好，有许多单词都背不出来。我再三安抚她，冉冉上课一直很认真，可能是临近考试她的精神有些紧张，压力有点大，状态才会出现波动。

可冉冉妈妈完全听不进我说的话，她坚定地认为，冉冉的状态下滑是因为她经常和班里一个爱追星的小姑娘走得近的缘故。她还告诉我，自己已经找冉冉谈过话了，让她以后不要和那个小姑娘一起玩了，要去跟成绩好、有上进心的同学交朋友。

冉冉妈妈的想法我非常理解，孩子年纪小，父母总会担心他们交到“坏朋友”而被带坏，总觉得孩子和成绩好的孩子一起玩，也会受到好的影响从而提高成绩。有不少家长都来询问过我孩子在学校和谁走得近、与孩子关系好的学生成绩如何等问题。一旦发现孩子交的朋友不是自己满意的，家长的第一反应大多是阻止。但这种对孩子的交友情况“层层把关”，甚至希望通过严格控制来“清理”孩子朋友圈的行为，在我看来并不合适。

人都是需要拥有自由生活的空间的，孩子也一样。他们的朋友圈应该自然形成，而父母要做的就是，在孩子的交友选择上，适当保持边界感，这样才能让孩子真正成为一个独立的人。

班主任有话说

很多父母都要求孩子，不能去交“坏朋友”，比如，成绩不好的孩子、身上总是脏兮兮的孩子；要去交“好朋友”，比如，成绩名列前茅的孩子、班级委员、说话温声细语的文静孩子。

在一些家长眼中，衡量一个人的好坏总是带着很多世俗的标准，所以他们会从成绩、家庭、特长等方面出发，去判断一个孩子是否值得交往。但这些都只是家长的判断，而不是孩子的。

孩子的友情是非常简单的，他们判断好朋友的标准只有一个，就是“我喜欢和他一起玩”。对于孩子来说，也许两个人只见了一面，但彼此都知道了对方的名字，这时他们就已经是朋友了。

如果父母过度干预孩子的交友，甚至去批评他们的朋友，这可能会让孩子产生非常强烈的抵触情绪。他们会觉得家长否定自己的朋友，也是在否定他们自己。所以，父母越禁止，他们越要对着干，甚至可能会做出过激的举动。

父母干预孩子的交友情况，可能是害怕孩子在与人交往的过程中受到挫折和伤害。可是在交友过程中，出现矛盾和冲突是很正常的，孩子难免会遇到一些挫折。正是通过交友过程中出现的那些矛盾、误会、互帮互助等经历，孩子的社交能力和沟通技巧才会得以提升，他们才能懂得如何在社交中维系感情，与人合作。

如果孩子不能自主地选择交友，他们也不会拥有最真实的社交体验，长此以往，反而对他们的成长不利。

在孩子的交际圈里，如果父母适当地保持边界感，给予孩子独立的个人空间，孩子便会从中感受到被信任和尊重，他们才能拥有一个明确的意识：我是独立的，我要为自己的行为负责。这样，孩子在择友时才会更加认真、谨慎地做出决定。

班主任为你支招

那么，如何做才能有边界感地帮助孩子交友呢？

◎孩子选择朋友时，少限定、多引导

父母可以减少对孩子交友方面的限定，不去干涉孩子一定要交到什么样的朋友，而是在孩子提到自己想要交朋友时，和他们一起聊聊如何交朋友。比如，通过问答的方式引导孩子去思考，问问他们“你觉得一个真正的朋友应该具有什么品质”“你有哪些朋友是这样的”，让他们形成自己的判断能力。

◎如遇“坏朋友”，引导孩子自我觉察

如果孩子的朋友真的有一些品行方面的问题，父母先不要急着给对方贴上负面标签，可以先试着去问问孩子是如何看待这位朋友的，然后心平气和地描述客观事实，引导孩子自己去思考。

比如，当孩子交往了一个爱欺负人的朋友时，你可以委婉地问：“妈妈发现经常和你一起玩的那个同学会欺负其他人，你觉得他做得对吗？”通过描述事实，可以帮助孩子厘清思路，然后去思考、分辨对方行为的对错，从而自己得出结论，判断这段友谊是否该继续下去。

对孩子多点信任，少点唠叨

每天上班的时候，我都能在学校门口看见很多家长对着孩子千叮咛万嘱咐："不要爬到台阶上，太高了很危险。""别什么都拿回家，路边石头多脏啊！""好好听老师的话，记得要睡午觉。"……末了，有时还会再强调一句："我都说了多少次了，记住了没有？"

父母多嘱咐孩子几次关心的话无可非议，但是同样的话如果翻来覆去地讲，就变成了唠叨。唠叨的话，孩子不仅听不进去，还可能对他们产生相反的效果，你越说，他就越不听。

我的一个学生小晨，她在学校的表现一直都很好，成绩好，也听话懂事。可是没想到有一天，她妈妈却来向我抱怨，说小晨越来越难管了，让她做点什么事总要说好几遍才肯去做，不知道孩子为什么越变越不听话了。

我听到这话，仔细观察了小晨几天，可还是没有发现她有什么变化，于是我找了个时间试着和她谈心。小晨委屈地告诉我，她觉得妈妈太唠叨了，有很多事情她明明自己知道要做，甚至已经准备去做了，可是每次妈妈都会催促她，有时候只是行动慢了一点点，妈妈就要重复说上好多遍。她觉得妈妈太不相信自己了，所以才想和妈妈对着干。

在了解了孩子的想法后，我特意与她妈妈就这个问题谈过一次。她妈妈听到孩子不听话的原因后非常吃惊，因为她从来没有想过，孩子会因为自己的过多关注而产生这种心理。

父母肯定是爱孩子和关心孩子的，但表达的方式如果出现了问题，就可能会导致孩子的抗拒和反感。或许适当地给孩子一点儿信任，相信没有自己三令五申的嘱咐，他们也能够把该做的事情做好，这样孩子才有可能取得进步。

班主任有话说

在很多家庭里，唠叨都是父母与孩子之间最常见的沟通方式，可这种方式通常也是最令孩子反感的方式之一。很多父母却没有意识到这一点，他们并不认为对孩子唠叨有什么错，反而将这当作一种爱孩子的表现。

父母的唠叨对于孩子来说，其实是一种变相施压。孩子年纪小，父母总是对他们有着诸多的不信任，对他们独立处理问题的能力感到担心，于是每一句唠叨，都是父母试图用自己的权威让孩子按照父母的意愿做事，每一次反复强调，都是为了让孩子更长记性。

事实上，一直唠叨，反而会让父母语言的力量减弱。听得多了，孩子只会对那些嘱咐充耳不闻，渐渐忽视父母话里的内容。因此，父母只有把话说到点上，孩子才会重视。

如果孩子每天在父母的唠叨下成长，他们可能会为了避免麻烦而去做一个“听话”的孩子，并逐渐养成依赖父母的习惯：父母说了才会去做，父母不说就认为这件事可以不做。这种惰性思维模式一旦建立，孩子就会缺少主动思考的积极性，丧失独立思考的能力，长大后也会成为一个缺乏主见的人。

唠叨并不能解决孩子的实际问题，与其絮絮叨叨说一些没有效果的话，不如用事实去教育孩子，用实际行动去给孩子提供帮助。孩子的问题其实没有那么严重，父母该放手时放手，该住口时住口，哪怕孩子真的遇到了一些挫折，这些挫折也会成为他们成长的经验。唠叨的出发点本就是为了孩子好，适当地“散养”孩子，也许他们会成长得更好。

班主任为你支招

那么，该如何避免成为唠叨型父母呢？

◎留字条，言简意赅效果好

在对孩子嘱咐一些事情的时候，我发现越是事无巨细地反复强调和叮嘱，孩子反而越容易忘记。而且，说得多的时候，孩子不仅听到后面就忘记前面了，还很难抓住重点，效果并不好。在孩子识字之后，我试着将一些注意事项用精简的语言写在纸上，然后贴在他容易看到的地方。这样一来我发现，我的话虽然变少了，但是与孩子的沟通效果提升了。

如果有些事情对于孩子来说确实很难记住，父母不妨试着给孩子写一张备忘的字条，上面明确地写出事情的关键点，放在孩子时不时就能看见的地方，这样他们在潜移默化中就记住了。

◎想要唠叨时，采取分时说话方法

如果父母发现自己当下开始唠叨了，可以试着默默计时，强制让自己说两分钟就结束，将其他要说的话暂时“咽”回去，然后在这期间可以让孩子表达自己的意见。这样不仅能够调整自己的情绪，也可以给孩子一个反馈或解释的时间。

回归本来的模样，别让家长群成负担

作为班主任，我管理过无数个家长群，在群内见过形形色色的家长，经常问作业的、炫耀的、发广告的、想要拉近关系的……做什么的都有，群内过于热闹了，问题也就出现了。

我之前在刚刚组建的一个微信群内，发了一个任务通知，特意在末尾注明了“不必回复，以免刷屏”的字样，可是仍然有人视而不见，在下面回应了“收到，谢谢老师通知”。结果第一个人发出来之后，群内家长就排着长队齐刷刷地发出雷同的回应、赞扬，然后群消息就成功地被顶上去了。

有家长抱怨，说自己翻了好久的聊天记录才知道发生了什么事情，下次能不能不要刷屏了，发点有用的东西。这话引起了一些家长的不满，最后群内几个家长还产生了小范围的冲突。我只能无奈地出面安抚，并再次强调，下次无须回复，能够看到通知就好。

班主任有话说

每到新生入校或学生升班的时候，班主任、任课教师、家长都要先建立一个微信群，这好像已经成为家校双方共同的默契。

班级微信群建立的初衷是为了让老师和家长的沟通更方便快捷，微信群也确实做到了这一点。从老师布置作业到家长配合学校活动、咨询孩子学习情况、对学校工作提出意见和建议等事情，都可以在微信群内完成。然而，微信群发展到现在，除了给家长和老师提供了便利之外，也时常出现各种风波，增加了很多人为的负担。

在群内，除了有喜欢刷屏的家长外，有些家长对自家孩子的过度关注也很让人无奈。有的孩子不只父母进入了微信群，为了更好地监督孩子的学习情况，孩子的爷爷奶奶也进入了群内。他们几乎每天都会在群里询问孩子的情况，不管时间是不是晚了，也不管其他家长是不是正在上班，总之自己一有不清楚的问题，就会不停地在群里追问。如果老师或其他家长回复的时间晚了一点，他们在言语之间可能还会带上些不满。

有时候，微信群也会变成一些家长的“意见信箱”，家长会随时随地对老师的教育方法和学校的各种工作安排提出自己的看法。比如，在学校的文体活动中，如果发现自己的孩子没有成为表演者，有的家长就会在群里向老师讨要说法。

也有一部分家长，可能是为了活跃群内气氛，将自己看到的娱乐视频、八卦消息都发到群里，还带动其他家长一起讨论。尽管班级群确实是供家长们交流的地方，但也应该仅限于有关孩子的问题，而不应该是专供娱乐、闲聊的地方。

家长在班级群内积极参与、配合老师本是很好的事情，但是过犹不及。家长只有把握好参与的度，才能让班级群发挥最大的作用，而不是使之成为自己和他人的负担。

班主任为你支招

那么，如何在班级群内发言才是合适的呢？

◎个人的事情私下和老师沟通

如果家长想要了解自己孩子近期的学习情况，我建议家长不要在班级群里直接说，尽量和老师私下沟通。一来，私下沟通时，老师对孩子的评价一般会更客观、全面，而且这样做也能保护好孩子的隐私；二来，个人的事情如果发到群里和老师讨论，难免会打扰到其他家长。

◎将问题一次性问清楚

如果家长有关于学校通知或活动的某些疑问，可以将自己的问题和建议一次性罗列清楚，包括问题解决的建议、自己的意愿，以及是否允许有替换的方案等。一次性说明白，比在群内一句一句发问要好很多。

家长不用因为向老师提问而紧张，家长群的功能就在于增进老师和家长的交流，老师不会因此对孩子产生负面印象的。而且，关于公共的话题，一个人的询问有时也能解决大部分家长的疑惑。

但是要注意询问的时间，比如在晚上10点之后到第二天早上7点之前尽量不要在群内发消息，以免打扰他人休息。

◎修改班级群设定，筛选信息

如果家长对群内充斥的各种信息已经感到了压力，可以试着调整一下关于班级群的设定，只关注自己最需要的信息即可，比如老师的通知和与其相关的讨论。

在微信群中，家长可以试着设置消息免打扰，并添加关注的群成员，比如班主任和任课老师，这样就只有在老师发消息的时候，才会有群消息的提醒，能够有效避免无效信息的干扰。

别当“甩手掌柜”，把孩子扔给老人

开家长会的时候，我见过不少总是只有爷爷奶奶出席的情况，有些孩子的父母我甚至从没在线下见过。一有需要老师与父母沟通的事情，他们就会以忙碌为由，让我去找照顾孩子的爷爷奶奶或外公外婆沟通，自己当“甩手掌柜”。

如今，很多父母忙着工作，忙着赚钱，忙着给孩子提供更好的物质生活而不得已缺少了对孩子的陪伴，这副重担便落在了家里老人的肩上，祖辈成了教育和抚养孩子的主力军，隔代教育也成了当今家庭中存在的一种现象。

我曾经有一个叫小峰的学生，由于父母工作忙，没有时间管他，孩子从小就和奶奶一起生活，一直以来也都是奶奶在负责孩子的学习。

当时小峰正值叛逆期，出现了较多问题，学习成绩也有所下降。多次教育无果后，我想要与他的父母面谈一下。然而对方家长在听到孩子的情况后却不以为意，认为孩子叛逆是青春期必经阶段，过一段时间就会好的，仅是叮嘱了几句便草草挂断了电话。

直到小峰结交了一些不良朋友，甚至开始沉迷网络游戏时，他的父母才主动联系我："孩子不听话，管教不了，都是因为我们当初没时间陪他……"他们这才意识到问题的严重性。

隔代教育永远不能代替亲子教育，父母的陪伴对孩子性格、意识、价值观等的形成有着至关重要的作用。

班主任有话说

隔代教育在中国已经成为一种普遍现象。有调查研究显示，我国一半以上的失足少年与隔代教育有关系，青少年网络成瘾也在隔代教育家庭中高频出现。

老一辈宠孩子，经常是啥都帮孩子做了，这样孩子就失去了锻炼的机会。时间长了，孩子就会变得依赖别人，不会自己解决问题，也受不了挫折。被溺爱的孩子，还可能变得自私、任性，想干吗就干吗，甚至可能有暴力倾向，对人对己都不好。

其实孩子最渴望的，就是知道自己对父母很重要，而且始终都被爱着。孩子对父母的情感需求，是任何其他情感都不能代替的。即使是爷爷奶奶、外公外婆特别爱孩子，与孩子的关系再亲密，也难以取代父母在孩子成长过程中的作用和影响。祖辈能够照顾好孩子生活中的衣食住行，却无法满足孩子在心理及情感上的需求。

父母用手掌柜式的教育方式，会导致孩子在情感上觉得孤单、被忽略。这样不仅会让孩子和父母之间的关系变差，时间一长，孩子还可能变得内向、自卑，在人际交往方面出现问题。父母多陪陪孩子，能让孩子感觉到被重视、被爱，这对孩子的心理健康很重要，能让孩子更自信，觉得自己有价值。

父母的陪伴还有助于孩子学会处理情绪和建立积极的人际关系。

根据英国心理学家约翰·鲍尔比的依恋理论，孩子在婴儿时期与父母的依附关系，是孩子情感发展的基础。孩子会通过与父母的互动，学习怎么表达情感、分享、合作和解决矛盾等，这些就是孩子今后调节情绪和与人相处的基础。所以，父母跟孩子早期的关系，对孩子以后的情感发展特别重要。

虽然有时候爷爷奶奶或外公外婆带孩子是没办法的事，但这不是爸爸妈妈不管孩子的理由。孩子成长过程中，父母不在身边，可能会导致孩子以后出现很多问题。等到那时候父母再后悔，就来不及了。

班主任为你支招

那么，如何做才能兼顾工作和教育孩子呢？

◎每天保持陪伴

父母应该每天选择一个或几个固定的时间段，与孩子进行深入的沟通。这些时间段可以是睡前、吃饭时，也可以是周末的某个午后。重要的是，这些时间要专属于你和孩子，不受其他事务的干扰。如果由于工作原因无法亲自陪伴，父母可以利用视频通话保持与孩子的联系，向孩子分享你的工作日常、趣事或成就等，让孩子感受到你的努力和关爱，同时也倾听他们的生活和学习情况，给予积极的反馈和鼓励。

◎共同参与教育

作为父母，应该承担教育孩子的主要职责，对孩子的教育方法和理念，具体到某些行为规范，父母都应该亲自制定，而不是完全放权给长辈。比如，孩子的户外运动、写作业的习惯、吃饭礼仪等，制定前要与孩子充分沟通，让他们理解规则的重要性和必要性，并有意识地培养孩子的好习惯。之后可以请长辈帮忙监督和执行，但父母仍然要承担主要责任，定期检查孩子的执行情况，并给予必要的指导和支持。

◎不缺席孩子的重要时刻

我的孩子在小时候，有一次上台表演了诗歌朗诵，但是我当时由于工作原因没能到现场去看，后来孩子和我提起时说：“我朗诵了很多首，可惜你都没有看见，真是的！”他的语气显得非常失望。

每个孩子心中都希望自己的重要时刻能得到父母的关注和参与。如果父母没能参与，他们会非常失落，甚至产生一种“我不值得被爱”的自我否定感，这种感受也许会一直伴随孩子。

作为父母，不管工作多么忙，在孩子对我们的陪伴充满期待的时候，都要尽量陪着他们，比如参加比赛或获奖的日子、过生日的时候或者伤心难过的时候。如果由于客观原因实在走不开，那也一定要提前和孩子说清楚原因，不要让孩子白白等待。

第二章

班主任教你
如何和孩子好好说话

放学后聊天，别只关心孩子的学习

程程是一个学习很努力的孩子，可是有一段时间他的学习成绩却一直在下降。为此，我去找他的父母沟通，看看孩子家里是不是发生了什么事情。可是他的父母也同样没有头绪，只跟我说孩子最近变得不爱和他们说话了，其他的倒没有什么异常的表现，他们也正在为此发愁。

我只好又找了时间与程程沟通，在和他聊天的时候，我才知道孩子最近为什么不开心。原来，程程的父母对他的要求极为严格，成绩抓得很紧，每次在他放学回家后，第一件事就是询问他学习的情况，有时候他有事情想和父母分享，却被父母催促着赶快去完成作业。程程说，他每天回家都有一种自己做错了事情被盘问的感觉，而且觉得父母并不关心他，他们关心的只是学习而已，所以也就不愿意和他们说话了。

我委婉地向程程的父母提出，或许他们可以多关心一下孩子学习之外的事情，这样孩子可能就愿意主动与他们交流了。可是他的父母对此十分困惑，他们认为自己一直都在关心孩子，天天都会询问他在学校的学习情况，还需要怎么关心他呢？

很多父母都有这样的想法。在一些父母眼里，关心孩子的学习与关心孩子本身并没有什么区别，所以和孩子聊天几乎都围绕着学习，却忽略了孩子心中真实的想法，慢慢地，亲子之间也就无话可说了。

班主任有话说

孩子上学累了一天，大脑往往是比较疲惫的，他需要有一个让精神从紧张状态到放松状态的转换。如果这时候父母一下子问了一堆问题，孩子往往没有精力回应，也就会显得沉默。

如果那些问题都是与作业、学习和考试相关的，比如“你今天上课上得怎么样”“这次考试考得如何”等，而忽略了孩子的心情，孩子不免会产生疑问：“你们究竟关心的是我还是我的学习？”

这种疑问一旦产生，孩子自然就会产生逆反心理，降低对学习的兴趣，从而出现各种学习状况，甚至会用行动反抗父母的这种“偏心”，比如顶嘴、磨蹭、沉默不语等。

有的父母不清楚，除了学习还能和孩子聊点什么。其实，父母与孩子之间有很多可以讨论的话题，比如孩子的课余生活和每天的心情等。

在学校，每天会有很多事情影响孩子的情绪、心理状态等，哪怕有些事情对大人来说微不足道，也可能会引起孩子巨大的心理波动。他们在这时是需要与父母进行沟通，来解答内心困惑和寻求心理支持的。

父母适当地将对孩子学习的关注转移到对孩子的心情、状态的关注，这样能让孩子感觉到自己被关心、被尊重、被爱着，从而拉近彼此的距离，增进亲子关系。亲子关系好了，教育自然也会事半功倍。

班主任为你支招

那么，放学后该怎么和孩子聊天呢？

◎多说些“废话”

孩子刚回到家的时候，不一定要问他那些必须得到答案的问题，父母只需要简单地说一句“欢迎回家”或者问一句“累不累”就好，这样能让孩子感受到回家后的温暖和放松。

与孩子聊天时，父母可以多说一些轻松的“废话”，比如“食堂的饭菜好吃吗”“今天我看见了一个很有趣的人”……这些看似无用的话，却能营造一个轻松温和的家庭氛围，让亲子关系更加紧密。如果孩子愿意与父母多说些“废话”，那么就说明他们对父母是充满信任的，他们在与父母交流时是感到放松且愉快的。

◎问问孩子是否需要自己的帮助

我与孩子聊天时，常常会问他：“有没有什么需要爸爸妈妈帮忙的？”其实这是在给孩子一个说出自己当前烦恼的契机，也是在告诉他，无论遇见什么事情，父母都会帮助他，他不是一个人在面对困难。

孩子其实很擅长将心事偷偷藏在心里，如果孩子暂时不愿意说，也很正常，说明他们还没有做好诉说的心理准备。这时，父母可以让孩子先独自冷静一下，同时告诉他：“爸爸妈妈一直在，等你想说的时候可以随时和我们说。”

当孩子感受到父亲的关心和爱之后，等他们再遇到问题时，就会自然而然地想到向父母倾诉了。

最无用的教育，就是只和孩子讲道理

之前有一个学生的妈妈向我求助，说孩子十分不听话，不让做什么却偏要去做，尽管她知道打骂孩子不对，可是却被气得不知道该怎么办。

我问她孩子是怎么不听话的，她和我说，她家住在某个老小区五楼，没有电梯，平时都是走楼梯进出。最近，孩子在走楼梯时偏不好好走，非要把一条胳膊搭到楼梯扶手上，胳膊用力脚不用力地向下滑。她叮嘱过孩子几次，告诉孩子楼梯扶手很脏，这样做会把衣服弄脏，而且很危险，不允许再这样做了。

但这样语重心长地叮嘱却没有什么效果，孩子依旧我行我素，她终于失去了耐心，对着孩子大发脾气。当时孩子不敢再那样做了，可是之后她发现孩子还是会偷偷地那样下楼。

说完之后，她还和我感叹："我不知道给她讲了多少道理，可她怎么就是一句也不听呢？"

在我这么多年的教育生涯中，有很多父母和我抱怨过类似的话，明明没少给孩子语重心长地讲道理，可就是不见有什么太好的效果。最后，在孩子一遍遍“不听话”的刺激下，忍不住对着孩子大发脾气，然而也没什么效果。

班主任有话说

“挑食，对身体不好；吃太多糖，会蛀牙；不洗手，会生病……”父母认为是为孩子好的道理，孩子却怎么样都记不住，等到下次再遇见同样的事情时，又会重复上演相同的场景。这是因为在父母和孩子讲道理时，孩子心里的想法可能是这样的：“我听不懂。”

年幼的孩子一般都是通过直接的经验和感受来看待和理解世界的，他们还不太具备抽象思维能力。对他们来说，抽象的道理和逻辑关系都很复杂，也很难理解和接受。所以，那些大道理于他们而言，无异于对牛弹琴。比如，大人告诉一个小孩子：“你不上学，长大了就会吃苦。”他们根本无法理解，不上学和吃苦到底有什么关系，因为他们的生活经验和认知水平不足以支撑他们去理解这个道理背后的逻辑。

当孩子有一些错误举动时，如果父母的第一反应就是给孩子讲道理，孩子的情绪反而会更加激烈或者下次再犯同样的错。比如，孩子因为玩具被他人抢走而哭闹，父母对孩子说：“你要学会宽容，不要那么小气。”孩子反而会闹着说“我偏不”，然后下次依旧如此。

这是因为在孩子情绪不稳定的时候，他们的内心会有许多强烈的感受，比如委屈、愤怒。如果这种感受被父母的大道理或斥责打断，无法表达出来，那么孩子就会耿耿于怀，不断积累情绪，直到下次一起发泄出来。

孩子是从自己的视角出发去看世界的，而父母所讲的道理，则是从成人的角度出发的。有时候，道理讲得越多，孩子离父母所期望的样子越远。父母只有给予孩子切身去看、去体会的机会，他们才能真正理解道理，进而形成他们自己的世界观、人生观、价值观。

班主任为你支招

那么，如何不讲道理，也能让孩子懂得道理呢？

◎用讲故事代替说教

孩子都喜欢听故事，父母可以通过讲故事的方式将道理蕴含其中，让孩子在轻松的氛围中潜移默化地接受。

我最开始想要让孩子了解友谊的时候，给他讲过这样一个故事：猫和猪是好朋友，经常在一起玩耍。一天猪不小心掉进了坑里，猫拿来了绳子想把猪拉上来，结果绳子断了，于是猫也跳进了坑里。然后我问他："为什么猫也会跳进去呢？"孩子说："因为它们是好朋友。"我赞同了他的答案："没错，因为是好朋友，所以它们会互相帮助呀。"

故事的内容可以来源于一些绘本、动画片、故事书等，也可以是父母的亲身经历，通过故事中的人物和情节，向孩子传达正面的价值观。

◎用具体的感知代替说教

只有孩子曾经有过或是能够感受到的体验，他们才能懂得某些行为的后果，才会真正意识到自己的行为不妥。父母可以试着用具体的感知代替说教。

比如，孩子想吃冷饮时，可以问问他，还记不记得上次吃冰激凌肚子疼得直打滚的事；孩子不想刷牙时，可以给他看一些因为蛀牙而拔牙的视频；孩子想要在雨里玩耍时，就让他回忆一下感冒吃药、输液的经历等。

◎用行动代替说教

我刚开始教孩子刷牙的时候，他十分不配合，为此我们两个不知道争执了多少次，最后总是以他大哭、我生气而收场。有一天，我把他最喜欢的一个玩偶拿过来，和他说："娃娃好长时间没刷牙了，现在牙很疼，你能帮它刷牙吗？"孩子很干脆地就答应了，而且表现得十分认真。

在他帮助娃娃刷完牙后，我趁着他开心便和他说："娃娃表现得很好是不是？所以宝宝很开心。那以后宝宝愿不愿意也好好刷牙，让妈妈开心呢？"果然，孩子很高兴地就答应我了，而且我们没有再因为这件事情争吵过。

父母将道理蕴藏在生动的情景里让孩子有所体会，往往比直接说教更容易让孩子接受。

把握好尺度，有效表扬和批评孩子

有一次考试，平时成绩还不错的玲玲数学却只考了 60 多分。我去和她妈妈沟通的时候，她妈妈正处于非常自责的状态。

玲玲妈和我说，她平时经常夸奖和表扬孩子，孩子也在很多事情上表现得很有信心，包括这次考试。可没想到，孩子这次考试的分数这么低。她问孩子原因，孩子说自己没有看见最后两道大题。尽管生气，但她当时还是按捺住脾气安慰孩子，告诉她自己知道数学一直是她的优势学科，这不是她的真实成绩。可孩子却烦躁地把她推出了房间，让她不要再说了。

她出去后翻看了一下孩子的试卷，发现最后两道题有擦拭过的痕迹，这才意识到孩子撒谎了。然后她听见了孩子在屋里的声音：“如果我本来就不聪明，你还会这样爱我吗？”正是这句话，让玲玲妈非常自责，开始反思是不是自己的夸赞方式不对。

很多家长都信奉“好孩子是夸出来的”，也十分推崇鼓励式教育。曾有家长向我表达过希望我在学校多表扬他孩子的意愿，以便增加孩子的自信心。

对于孩子来说，父母、老师的表扬和鼓励确实可以增加他们的自信，并成为一种帮助他们向上的动力。我们经常听到有人说："老师，就是你那次的表扬让我对自己的学习有了信心。"但是凡事过犹不及，家长的过度表扬，反而可能对孩子的成长和进步有反作用。只有把握好表扬的尺度，才能对孩子的成长产生正向、积极的效果。

班主任有话说

被泛滥的夸奖包围的孩子可能会过分地追求优越感，一旦他们发现自己比别人差，或者遭遇了挫折和失败，巨大的心理落差会让他们感到无所适从，甚至可能会为了自己骄傲的自尊心而说谎，以维持自己以往的形象。

有时候孩子并没有达到值得被夸奖的程度，父母却仍给予夸张的称赞，时间久了，孩子可能会变得沾沾自喜、自负自大。他们会认为自己很优秀，不需要努力就能把事情做好，或者认为自己做一点事情就能够得到夸赞，因此也就慢慢失去了挑战的动力。

表扬不能过度，同理，批评也不能过度。孩子被批评得太多，会让他们觉得自己不够好、不被父母接受和认可，这会伤到他们的自尊心，使他们变得自卑，做事犹犹豫豫、畏首畏尾。

当孩子从心底认为无论自己做什么都做不好时，他们可能会变得消极，放弃尝试很多事情，也不再努力去表现出积极的一面。他们还可能会逐渐变得沉默，因为他们担心表达自己的观点后会受到批评或惩罚，这会影响孩子与人沟通的能力，甚至在他们长大后，都难以和别人建立良好的人际关系。

有些孩子还会因此产生破罐子破摔的想法：反正不管自己怎么努力，最后都会受到批评，那干脆就再也不听父母的话了。

在教育孩子方面，表扬与批评是必不可少的方式，但是这二者都需要掌握一定的度才会有效。

班主任为你支招

那么，如何有效地表扬和批评孩子呢？

◎表扬要具体、准确

表扬孩子时要具体，父母可以描述自己看见的孩子的具体行为，再把孩子值得表扬的地方做一个总结。比如："今天我看到有同学抢了你的玩具，你生气了，但是你没有打骂对方，也没有哭闹，而是和他好好说话，还把玩具要回来了。我很高兴，你在努力地管理自己的情绪。"孩子只有知道父母确实关注到了自己的优点，才会有方向、有目的地去强化自己的行为。

◎批评时尽量不用"你"字

"你"字开头的批评往往带着强烈的指责感和攻击性，孩子感受到被攻击后，也容易急着去反击批评而不是接受。父母可以试着在批评孩子时将"你"字去掉，对事不对人，具体地给孩子指出哪里有问题，这样孩子才会更容易接受父母的批评，并做出改正。

比如，把"你把房间弄得这么乱，赶紧收拾一下"变为"房间看起来很乱，需要收拾一下"；把"你写作业太慢了，快点写"变为"还有几道题没有做，加快速度啦"……

先听孩子讲，再引导他怎么做

“小孩子懂什么，他们乖乖听大人的话不就行了？”我听很多父母都这样说过，可究竟是孩子真的不懂，还是大人忽视了孩子的想法呢？

有一天课间活动的时候，我看见小茹站在一旁闷闷不乐，于是过去问她怎么了。她委屈又郁闷地和我说，妈妈在早上骂了她。我耐心地问她当时发生了什么事，她告诉我，早上她只穿了一件打底衣和外套就想出来，明明已经感觉不冷了，可是妈妈非要让她再加一件毛衣，还是自己不喜欢的毛衣。

她和妈妈说再穿上毛衣会很热，可妈妈坚持要她穿上，她就想让妈妈给自己换一件穿，结果妈妈却大声地呵斥她“事儿多”“不听话”，于是她也不敢再说其他话了。我问她：“为什么想要换一件毛衣穿呢？”小茹说：“上次我穿它的时候，有别人看见上面的图案笑了，我不想被别人笑话。”

“那你有没有告诉妈妈这件事？”我又继续问道。小茹说：“没有，我还没来得及说，妈妈就生气了。”

很多父母都有着急给孩子的行为下结论的习惯，小到穿衣打扮，大到学习习惯。他们总是希望自己的孩子能够听自己的话，一旦孩子有一点儿与自己意愿不同的表现，就给孩子打上“不听话”的标签，却忽略了孩子也有自己的想法，本来就不需要事事都遵循父母的指示。

如果父母一味地对孩子的事情独断专行，孩子自然就不想听父母的话了，甚至还会与父母针锋相对。父母尊重、理解孩子的想法，是减少亲子冲突的前提。亲子关系好了，父母的教育引导也就更容易被孩子接受了。

班主任有话说

很多父母仍保留着“我说你听”的传统观念，在要求孩子做某件事情或者想要帮助孩子解决某些问题时，他们往往将自己放在了主导者的位置上，而孩子则被放在了需要被领导和督促的位置上。

比如，在设立一些家庭规则的时候，他们可能根本没有耐心把孩子想说的话听完，就直接按照自己的想法给孩子制定规则，并要求孩子按照规则去执行。他们总是和孩子说“你要怎么做”或者“你不可以做什么”，却忘了站在孩子的角度，问问孩子“你想要怎么做”“你认为自己能够做什么”。

再小的孩子也拥有独立的思想，没有人喜欢被别人忽视和命令，所以孩子会对父母制定好的规则视而不见也就不奇怪了。

也许孩子遇到某些事情的时候，父母会比作为当事人的孩子更加紧张和焦虑，所以才希望第一时间帮助孩子解决问题。但对于孩子来说，父母能先听听自己说了什么话，是对自己最大的尊重。

只有当孩子感受到自己被尊重和理解，才愿意去倾听、信任和执行父母的话。而且，只有在具体了解了孩子的想法后，父母才能有针对性地解决孩子的问题，家庭教育才能做到有的放矢。

班主任为你支招

那么，如何才能做到好好听孩子说话呢？

◎孩子犯错时，耐心听他把话说完

有时候，孩子的一些行为背后有父母不了解的原因，如果父母不听完孩子的话就基于自己的假设对孩子进行批评或惩罚，很可能会冤枉孩子。比如，孩子在学校与人打架了，很可能是他在学校受了别人欺负而做出的反击，不是简单的“不懂事”“惹事”。

给孩子一个把话说完的机会，可以让父母更加准确地了解事情的真相，从而做出适当和正确的反应。而且，如果不让孩子为自己的错误辩解，那么他可能一直不知道自己错在了哪里，因为在他的逻辑里，他的行为没有错。只有先了解了孩子的逻辑，父母才能对症下药。

◎根据孩子的解释，给予反馈

父母应在冷静地听完孩子的想法后，再与孩子进行沟通。如果发现孩子说得有道理，要及时给予肯定和赞赏；如果发现孩子的想法和行为确实存在不妥的地方，就进一步与孩子交换意见，明确地指出孩子哪里做得不对，为什么不对，以后再遇到这类情况该怎样做。只有在平等沟通的基础上与孩子达成共识，孩子才愿意接受父母的意见。

投其所好，让孩子打开话匣子

我发现，很多家长和孩子之间无话可说。有很多孩子在学校里明明表现得很活泼、话很多，他们的家长却向我反映，孩子的话很少，只要放学回到家，书包一扔，门一关，就喜欢把自己关在房间里。即使自己想要和孩子聊聊天，孩子也不怎么理会。

小管的妈妈有一天来问我，孩子最近在学校有没有发生什么事情。她说孩子以前回家后都会和自己说说学校的情况，不知道为什么，最近话少了很多，以为孩子在学校遇到了什么事情。

我仔细想了想，和她说，前段时间小管和她一个要好的同学吵架了，两个人不知道和好没有，孩子可能是心情不好。小管妈妈听后松了口气，说道："我早就知道这件事了，也和她说过了。这算什么事儿啊，一天天就知道胡思乱想，现在她最重要的任务就是学习，这点事儿也值得想这么久。"

我安抚了一下小管妈妈的情绪，然后找机会与小管聊了聊。孩子告诉我，她其实已经和朋友和好了。我问她为什么没有告诉妈妈，她说，不管自己和妈妈说什么，妈妈都能把话题转到学习上，在妈妈眼里，任何事情都没学习重要，那还告诉妈妈干什么。

班主任有话说

孩子其实大多是“小话痨”，他们上课积极发言，一与朋友聊天聊到兴奋的地方就容易叽叽喳喳地说个不停，下课后话就更多了，能围着老师一直讲话。

孩子天生就有与人沟通的本能，而父母作为与孩子关系最紧密的人，理所应当成为孩子的倾诉对象。只是有时候父母喜欢谈论的话题与孩子想说的话题不一样，才让他们没有了交流的欲望。

很多父母都喜欢围绕着学习与孩子进行讨论，而这个话题却往往是孩子最讨厌的。孩子与父母交谈的本意，其实重点在于分享自己的感受和心情，如果父母将这件事情变成一场对孩子的教育课程，那孩子内心就难免失望。

“出去玩，放松放松，然后学习起来更有动力。”“交朋友，要交成绩好的朋友，好提高自己的成绩。”……当父母将什么话题都往学习上扯的时候，孩子为了避免失望和听见自己不喜欢听的话，干脆就开始回避和父母交流了。孩子内心的真实想法，父母自然不得而知。

只有聊天的话题是孩子感兴趣的，他们才愿意打开话匣子与父母交谈。对于自己喜欢的事物，孩子会更了解，也就更有话可说。如果他们见父母也对自己喜欢的事物感兴趣，更会产生一种被认同的感受，自然就会滔滔不绝地与父母分享了。

班主任为你支招

那么，如何才能投其所好，让孩子与自己有话可说呢？

◎向孩子请教他喜欢的事物

我的孩子比较喜欢养金鱼，但是我不太感兴趣，他之前给金鱼喂食的时候，我基本不去关注。有一阵子，我发现我和孩子交流的话题慢慢变少了，于是我就开始有意识地去搜索关于养金鱼的事情。然后在孩子回家后，我就时不时地询问他一些关于金鱼的习性、特点等问题，他总是很乐意为我解答。如果我带着一种崇拜的眼光去请教他，并赞叹他在这方面懂得真多，他就会表现得更积极，还会主动去找一些书本材料拿来给我分享。

在越发频繁的交流中，我们之间的情感联系也变得更加紧密了。

◎以寒暄的方式开始沟通

寒暄，也就是没有实际意义的问候，比如“吃的什么”“你在这儿啊”这种语言，看似没有实际意义，但是恰恰能够营造一种轻松、安全的氛围，让孩子降低谈话的戒备心。

比如，在孩子玩游戏的时候，先不要急着告诉他玩游戏的坏处，或者问他“作业写完了没有”，而是先问问孩子“这是什么游戏”“你是什么角色”等。

想要了解孩子在学校的情况时，可以先问问孩子：“今天午餐吃了什么？”“今天什么事情让你这么开心？”“课程有意思吗？”……

以这样的话题引入，不会让孩子感到有什么压力，他们可以很轻松地回答，父母也可以由此和孩子展开话题。

◎从别人的事情开始谈起

有时候孩子在学校的表现不太好，他们可能不想让父母知道，所以如果直接问及孩子自身的情况，他们可能会避而不谈。这时，父母可以试着从别人的事情谈起，比如，问问孩子班上谁吃饭吃得最慢、谁的作业做得最好、谁今天被老师夸奖了等。

在和孩子聊天的过程中，我们一般能窥见孩子在他所描述的这些事情中处于什么位置，对同学、老师的行为有什么样的看法等，从中也能大致了解到孩子在学校是如何处事的。

第三章

班主任教你
如何做好家校沟通

如何向老师了解孩子在学校的情况

家长来向我了解孩子在学校的情况从来不是什么新鲜事。有的是因为担心孩子回家后和自己说的情况有所保留和修饰；有的是因为孩子根本不愿意和他们说学校的事情，如果不与老师沟通，就完全不知道孩子在学校什么样；有的则因为孩子住校，他们和孩子的联系不及时，所以就需要通过老师去知晓孩子在学校的情况。

可是有很多家长来找我时，问的问题都相当笼统，有时候我还要猜测他们说的到底是哪种情况、哪件事情，偶尔下意识地回答还会造成误会。

小晨的妈妈有一天给我发信息，问我孩子今天在学校表现得怎么样。我想了想，孩子今天在我的课堂上发言很积极，回答问题的正确率也高，于是就如实告诉了她，还夸了孩子两句。可没想到紧接着她就给我打来了电话，问我："那为什么孩子回来说今天她在数学课上没听懂呢？数学课上的表现也好吗？"我听出了她语气里的怀疑，赶紧向她解释，数学老师说今天新学了一个知识点，孩子们还不太懂很正常，小晨的表现没有不好，她这才放下心来。

一般遇到类似的情况，老师们都非常无奈。因为班里孩子多，我们除了上课，还要做好很多其他事情，也实在难以精准捕捉到每一位家长的想法。如果家长的问题不具体一点儿，我们很难知道家长真正想要了解什么，也就没有办法给出具体的反馈。

家长想要准确、高效地了解孩子在学校的情况，掌握与老师的沟通方法很重要。

班主任有话说

有不少父母想要了解孩子的情况时，一上来就喜欢问老师两个问题："孩子的表现如何"和"孩子听不听话"。这样的问题除了让老师不好回答之外，还没有什么实际作用。因为孩子是否听话这个问题的答案，并不能作为判断孩子在学校整体表现的依据。

有时候，孩子如果真的一直好好"听话"，大人让干什么就干什么，那也许反而不是好事。过于乖巧的孩子容易丧失自己的独立性和主见，可能会变得依赖他人，缺乏自我思考的能力。

所以，有时候孩子在学校可能与老师"对着干"了，但他拥有自己合理的理由，那么连老师也会称赞他，家长这时再问听话与否，老师自然很难用一个简单的答案去回答。

有的家长在和老师沟通时，总是习惯问完问题后，自己先对答案进行一番猜测，比如，问老师："孩子上课积极回答问题吗？"还不等老师说什么，自己就先说："这孩子平时就不爱说话，上课肯定也不爱举手发言，老师您多费点心，多叫叫他。"可是老师的答案却不一定是他们想的那样。

既然要了解孩子在学校的情况，父母在和老师沟通的时候不妨以听老师的讲述为主，不要急着猜测和追问，更不要厚此薄彼，只向老师打听孩子学习上的表现。孩子与同学是否团结、在班上人缘怎么样、参加团体活动是否积极等方面也需要多加了解，这样父母对孩子的了解才是全面的。

学校是父母监管不到的地方，但是父母与老师的沟通能有效弥补这个空白。

班主任为你支招

那么，如何与老师沟通，了解孩子在学校的情况呢？

◎问题要具体

在和老师沟通之前，家长需要先明确自己想要了解的内容，然后准备好一些具体的问题询问老师，这样能够让沟通变得高效，也能准确了解自己想要知道的内容。

比如，想要了解孩子的学习习惯，可以询问老师，孩子上课的时候注意力集中吗，作业完成度如何，等等；想要了解孩子的学习生活，可以询问老师，孩子平时与哪些同学走得比较近，体育活动参与的次数多吗，等等。

◎双方共同商定沟通途径和时间

父母想要向老师了解情况时，可以根据双方的日程和喜好来决定沟通的方式，面谈、在线聊天或打电话都可以，平时可以和老师约定一个固定的沟通时间，比如每月或每半月一次。

如果这期间有沟通的想法，可以单独和老师约定一个时间，然后再进行交谈。比如可以和老师说："老师，我们约定一个时间，做一次更全面的沟通好吗？"

◎双方做个约定

因为父母和老师都有自己的工作要忙，双方可能会存在信息回复不及时的情况。父母可以在刚开始沟通时就和老师做个约定，比如和老师说："老师，我知道您忙，有时候我给您发消息，您不用立刻回复。如果遇到急事，我可能会随时打扰您，请您谅解。如果您有任何关于孩子的事情需要沟通，可以随时联系我。"这样能够让老师安心，也能够让双方之后的沟通变得更加松弛。

为什么家长会一定要参加，并且要重视

一般来说，每个学期至少会开一次家长会，次数并不多，可是即使如此，仍有很多父母不到场。

有一次期中考试过后，学校安排开一次家长会，班上其余家长都到场了，只有磊磊的家长没来。以往都是由他奶奶来参加家长会，这次他奶奶没有来，父母也不在。

我询问磊磊后得知，他奶奶这段时间回老家了。当时有个文件需要家长填写，其他家长填完后直接交给了我，磊磊问我能不能自己填。我以为他是担心时间来不及，就告诉他不着急，回去让父母填好再带来也可以。

可是磊磊执意问我能不能自己填，听到我否定的答案后他很失落。他说害怕父母会嫌自己烦，因为他们忙于工作，一点儿也不关心自己在学校的事情。我安慰了孩子一会儿，后来还是决定和他父母聊聊孩子的想法。

我和磊磊妈妈说了孩子在家长会当天的失落后，他妈妈显得有点

惊讶，一直和我说："我都没看出来，这孩子心思这么重呢，这么在意这件事。"

无论是工作真的很忙，还是认为家长会根本不重要，抑或是因为孩子的学习成绩不好而不好意思参加……种种原因都可能让家长放弃参加家长会，也代表了一部分家长对家长会的不重视。

我认为，无论如何，家长都应该重视家长会这个家校沟通的桥梁。尽管多参加或少参加一次家长会并不会让孩子的成绩有翻天覆地的变化，但是每一次家长会带来的影响是潜移默化的。

班主任有话说

在很多家长心中，家长会并不重要，他们甚至认为家长会不过是"形式主义"，去不去都无所谓。在孩子心中，家长会的内容可能并不重要，但是家长是否来参加家长会，对他们来说却是很重要的事情。

家长来参加家长会，会给孩子一个"家长非常重视自己学习情况"的信号。这能让他们更重视自己的学习，为了更好的学习成绩而努力。如果家长对家长会抱着参不参加都不重要的心态，那么孩子就会认为自己的学习成绩和表现也不重要，既然无人关心，那还努力做什么？他们对学习的动力也就消减了。

尽管家长总对孩子说"你们学习是为了自己"，但其实孩子很难真正理解这句话，在他们心中，学习的很大一部分原因是为了得到父母的认可。因此，父母的态度十分重要。而且，如果孩子发现班上其他同学的家长都来参加家长会了，只有自己的家长没有参加，他们情绪上可能会非常失落。

家长会是家长能够直观地了解孩子在学校表现的一个机会，因为在家长会上，老师一般都会详细介绍一下班级的情况，说一下孩子们具体的在校表现、学习情况等。家长还可以单独与老师进行面对面的交流，和老师沟通一下孩子的优势、劣势，明晰他们今后努力的方向，获取一些教育建议等。在家长会上，家长还有机会和其他家长当面沟通，互相汲取一些家庭教育方面的经验。

哪怕家长在家长会上什么都不做，仅仅是来参加而已，孩子都会收获良多。作为家长，不到万不得已时，尽量不要缺席家长会。

班主任为你支招

那么，家长会上与老师沟通要注意什么呢？

◎沟通孩子优缺点，“先优后缺”

父母可以和老师聊聊孩子的优缺点，方便老师根据孩子的优点给孩子安排班内事务，或是监督孩子改正缺点。

在与老师说孩子优缺点时，尽量先说优点，再说缺点，因为人一般都容易先入为主。谈及优点时，尽量具体一点儿，比如孩子喜欢阅读，就可以和老师说说具体的场景：“孩子放学回家后，书包一放下就读书。”这样一下子就能让老师感受到孩子爱读书的优点。

关于缺点，父母要简单明了地告诉老师，表达自己知道他的缺点，同时表达希望老师在教育过程中帮助孩子改正缺点的愿望，老师往后自然会更注意孩子这方面的表现，并在教学过程中帮助他改正。

◎沟通时尽量不要让孩子在场

因为父母和老师聊天的内容大多是围绕孩子展开的，老师对孩子的评价往往优缺点都有，而且一般情况下都是伴随着事件的讨论，如果孩子这个当事人在场，那么很多话就不好说开了。

而且，孩子一般也很不愿意听别人讨论自己，那会让他们感到不自在。尤其有些父母习惯在老师说了一些话后立刻对孩子进行教育，比如：“你听到老师说的话了吗？要这样做……”这往往不会有什么效果。即便孩子当时答应了，也只是短暂地妥协而已，对孩子的成长没有什么用。

孩子犯错被“告状”，家长如何与老师沟通

每个孩子在学校都有可能出现各种状况，他们犯的错五花八门，比如不交作业、不守纪律、和同学闹矛盾等，这些都是常有的事。一般情况下，老师能自行处理这些状况，但如果孩子犯错误的次数多了，或事情闹大了，老师就会向家长“告状”，让家长介入，共同解决问题。

不少家长都和我说过，他们一接到我的电话就紧张，生怕孩子在学校又犯了什么错误。其实不只家长会紧张和头大，我碰见一些情况的时候也挺无奈的。

小宇上课的时候，整节课都在乱动，任我提醒了多少次，情况也没有丝毫改善。眼见他已经影响了身边同学上课，我给他爸爸打电话，说明了情况，表示放学后要多留他一会儿，训练一下他的坐姿。

他爸爸听了这话，语气激动地说：“没事，老师您尽管留，这孩子上课不好好听讲，我回去肯定好好教训他。”我一听他这情绪激动的语气，赶忙安抚他：“您先别着急，孩子可能是养成了边乱动边记忆的习惯，下课的时候我考了他上课的内容，其实他都会，都听进去了。”

小宇爸爸仍十分生气，让我不用替孩子说话。我只能继续说："真不是替孩子说话，我和您说这事，就是想让您在家中监督一下他学习时的习惯。孩子不是不学，就是这个习惯需要改一改，要不然再大一点儿就不好改了，总不能一直影响其他同学上课。"我和他说了许多，才打消他回家大骂孩子一顿的念头。

我遇见过许多家长都比较容易情绪化，不听孩子犯错误的前因后果，上来就批评孩子。当碰到这样的家长时，我反倒要先安抚他们一阵子，才能继续就着孩子的错误和他们商量对策。

比起家长直接向我表示歉意，上来就指责孩子的情况，我更希望听到他们对我说："好，回头我好好问问孩子。"这至少说明，他们能够保持冷静，有了解孩子想法的意愿，也有解决问题的态度。

毕竟，只有清楚了前因后果，父母才能与老师一起合作做出准确的判断，帮助孩子解决问题。

班主任有话说

有些家长听到孩子在学校犯了错误后，表现得十分豪爽，总是对老师说"孩子全权交给老师，您该怎么样就怎么样"这样的话。虽然老师可以从中感受到孩子家长对自己工作的支持和信任，但同时这也代表了家长将教育孩子的责任全权推给了老师。

家庭教育和学校教育都是孩子成长过程中不可或缺的环节。尤其在孩子的习惯养成、品德培养等方面，家庭教育更是有着不可替代的作用。

曾有人用"跳大绳"这种运动来比喻家长、孩子与学校之间的关系：孩子是跳大绳的人，而家长与学校是在两端摇绳的人。只有摇绳的方向、节奏一致，跳绳的人才能跳好。可见，家长与学校的合作教育对孩子的发展有多么重要。

老师会向家长“告状”，正是期待家校形成合力，并通过沟通共同帮助孩子进步和成长。如果家长在听到老师的“告状”后，以一句“好的，老师，我们一定会多注意的”结束，然后不管孩子的行为有没有改善，就没了任何反馈，那么老师的这种期待也就落空了。

老师与家长沟通的目的，不是为了找出孩子的问题，让某一方单独解决，而是共同协商，一起找到可行的教育方案。

班主任为你支招

那么，面对孩子被“告状”，家长如何与老师沟通呢?

◎耐心听老师把话说完

通常情况下，老师在向家长“告状”的时候，已经了解了孩子在学校发生的事情的前因后果。父母听到老师说孩子在学校犯了错时，先不要急着反驳或解释，不妨耐心听老师多说一些情况，认真记录一下老师提到的重点。只有自己多了解一些信息，才能在冷静状态下思考后续要采取的应对策略。家长保持冷静的情绪，还可以让老师感受到家长对问题的重视和期待解决问题的态度。

父母不要急着指责孩子，尤其是孩子在现场的情况下。要注意维护孩子的自尊心，这样也能减少教导孩子时他们的抵触情绪。

◎完整地表达自己的想法

家长在听完老师反映的问题后，可以完整地向老师表达自己的看法、建议和期望，给老师提供参考。因为有时候孩子与别人产生了矛盾，老师还需要去问问矛盾另一方的意见，平衡双方的想法。

如果家长对老师最后的处理方法不满意，自己有更好的建议，可以试着和老师说："老师，您的这个处理结果还能再调整一下吗？我想了想，或许可以这样解决。"接着向老师提出自己的想法，与老师共同商量对策。

想让老师多关注孩子，怎么高情商表达

每到新学期开学的时候，都有不少家长向我表示，希望我对孩子多加关注和照顾。我理解家长希望孩子被老师重视的心情，但有些情况也实在让我感到无奈。

刚开学的时候，小媛的妈妈就和我说："老师，我家孩子性格有点敏感，麻烦您多关注一下她。"我答应了她，后来也确实发现孩子的性格偏敏感，日常也觉得自己做到了尽量照顾孩子的感受。

可是有一天她妈妈突然问我："老师，您是不喜欢我家孩子吗？"我大为不解，问她为何这么问。她说孩子告诉她，自己在上课的时候举了很多次手，我却一次也没叫到她，而有的同学一节课回答了好多次。

一个班上有几十个孩子，老师在上课时真的很难做到面面俱到，记住每个细节。我着实记不得这件事了，但是知道了原因后，还是真诚地向小媛妈妈致歉，并向她解释，自己真的没有不喜欢孩子，更没有故意忽视孩子。

于是小媛妈妈又和我强调了一遍，孩子容易胡思乱想，拜托我不要让孩子失望，还向我请求，下次在孩子举手后第一个叫她回答。我告诉她，我也不想让孩子失望，之后会多关注孩子的想法。但是我委婉地拒绝了她后面的要求，因为班上有那么多孩子，如果我答应了她的请求，那么对其他孩子是不公平的。

我当班主任这些年，收到家长的请求是常有的事，像这样让我略感为难的请求也不在少数。坦白讲，作为老师，在同一件事情上，家长的表达方式，往往会影响我的回答。比如上课提问这件事，家长如果请求能多给孩子一些回答问题的机会，我自然会答应，可是如果要求我每次都第一个叫他或是每节课都必须叫他，那就很难答应了。

班主任有话说

家长对孩子一片苦心，希望孩子受到老师的关注和重视，这是非常可以理解的。但是很多家长不会直接表达想要老师对自家孩子多点关注的想法，而是通过一些别的要求来达到目的，有时候反而弄巧成拙。

比如，有的家长要求老师把孩子的座位安排到前几排，他们认为这样孩子就能受到老师更多关注。但是班级是一个整体，每个孩子拥有的权利是平等的。一般每个老师对座位的安排都有自己的原则和理由，而且离得近的孩子在一起学习一段时间后，已经建立起了比较稳定的感情联系，如果突然因为一个人而变动，可能影响到班级的管理，对其他孩子也不公平。

老师和家长的角色不同，看待孩子的视角也不同，老师不可能像家长对待自己的孩子那样去对待每个孩子。家庭是“一对一”或“多对一”的教育模式，可班级是“一对多”的教育模式，后者需要兼顾更多情况。

家长如果希望老师多关注自己的孩子，其实不用羞涩和遮掩，直接地表达没有什么不对的。家长明确地说明自己的需求，老师才能了解家长的具体想法。当然，直白的意思需要高情商的表达，这样家长才能更好地达成沟通的目的。

班主任为你支招

那么，想让老师多关注孩子，怎么高情商表达呢？

◎借孩子的话肯定老师

人都喜欢被认同、被需要的感觉，老师也是这样。父母可以向老师传达出孩子特别需要、特别喜欢老师的意思，比如可以说："老师，您不知道，我们家孩子特别喜欢您，非常喜欢听您讲课，回来常常夸您呢。"在给老师带去认同感和愉悦感之后，再适当提出自己的要求，比如可以说："老师，请您平时多留意他一点儿，只要您稍加关注，他就会很开心。"愉悦的心情会使记忆更深刻，这样父母沟通的目的也就达到了。

◎说说老师关注孩子后的反应

父母可以跟老师说说某一次孩子被老师关注后的反应，比如说："上次您在课堂上让他读课文，他回来后心情特别好，还自己读了好几遍呢。""您上次抱了抱他，他回来高兴得不行，一个劲儿地和我讲。"……把孩子受到关注后的反应作为沟通时的事例告诉老师，老师一般也会记忆深刻，会更关注孩子。

如何配合老师培养好自己的孩子

做班主任的时间越久，我越能够感受到，孩子的教育不是家长或老师任何一方单独的任务，而是需要双方共同承担起来的责任。

我常常想，家长与老师的目标一致，都希望孩子有更好的发展，本应该最容易达成合作。可实际上，有些家长和老师的劲儿总是使不到一处去。

我以前的一个同事，他教学非常严格，紧抓班上纪律和成绩。他一直认为，教育是一项严肃的事业，如果老师不严格，任凭孩子想干吗干吗，那就是在耽误孩子。

他的班上有个学生叫小钟。小钟总是在课堂上做小动作，还喜欢找其他人说话，有一次更是上课玩手机，严重影响了班级纪律。他把孩子批评了一顿，没收了孩子的手机。

结果第二天，小钟的家长找到学校和他理论，说他这样做不对，不应该那么严厉地批评孩子，更没有资格没收孩子的手机。他向家长解释，之所以会没收孩子手机，是因为孩子上课的时候玩了，而且不让带手机是学校的规定。

家长却认为，无论如何老师都不应该对孩子那么严厉。因为他们家崇尚的是快乐教育，不支持对孩子进行批评和责骂，只希望孩子能够顺其自然地成长。

双方的教育理念不合，始终说不到一块儿去，最后不欢而散。有过那次经历后，小钟在班上更调皮了，我的同事每次提起他都头疼得很。

在我看来，老师有老师的教育方法，家长有家长的教育理念。如果二者刚好相合，自然是最好的；如果有所出入，即便不能强求，但至少不能给孩子灌输不认可、不信任的想法，否则无论孩子对哪一方失去信任，这对他们的成长都没有好处。

家长和老师只有彼此尊重、相互接纳，才能一起努力，形成合力，共同教育好孩子。

班主任有话说

在对孩子的教育过程中，有很多事情是需要家长和老师相互配合才能完成的，可是有不少家长把大量时间和精力投入了其他方面，而把教育孩子的责任都推给了学校。有些家长一看到老师发布的通知里有需要自己参与的任务，就会忍不住抱怨："这不是老师的事儿吗，为什么还要家长干？"

老师并没有那么大的力量，可以独自将孩子培养成一个全面发展的人。孩子的行为举止、品行习惯，受到家长的影响远远比老师要大。教育孩子同样也是家长的责任，如果家长图省事、怕麻烦，那么老师再怎么努力，结果也收效甚微。

或许有些家长会说，自己已经在好好配合老师了，老师每次和他们说一些孩子的情况时，他们都会回复“收到”或“好的”。但实际上，这种回复很容易让家长错失跟老师沟通的好机会。因为这会让老师觉得，话题到此结束了。

如果父母能够顺着老师的话，继续就“如何帮助孩子解决问题”“孩子的不良行为会有什么危害”这样的话题聊一聊，双方的沟通就有了方向，也更能达成一致的教育策略。

教育不是一件速成的事情，只有父母给予老师一些宽容、支持和信任，老师才有勇气去实践一些新的教育方法，提高自己的工作质量。

如果父母发现了老师教学工作中的问题和不足，当然可以向老师反映。但是请相信，老师的本意与家长是一样的，都希望孩子变得更好。只有家长和老师彼此充满理解和信任，才能结成坚固的教育同盟。

班主任为你支招

那么，如何配合老师培养好自己的孩子呢？

◎支持老师的通知

如果老师给家长发布了一些任务，或是学校有某些要求，家长要尽量配合老师的工作。家长要相信老师，在他们发布的一些要求背后，往往都有着为了孩子好的动机。比如，让每个孩子拿一本课外读物去学校，是为了创建图书角，丰富孩子们的阅读量，也让孩子在互相传阅中增进感情。

父母只要能够支持老师的通知，帮助孩子准备好这本课外读物，就是配合好老师的工作了。

◎沟通中主动提供孩子在家的信息

父母可以多和老师沟通，并主动提供一些在家观察到的关于孩子的信息，比如孩子在家是怎么学习的、每次学习时注意力能集中多长时间、生活上孩子有什么习惯等。把这些信息跟老师讲清楚，有助于老师做出判断，帮助他们在面对孩子时，进行更加合理、合适的教育。

◎在孩子面前肯定老师

有的家长习惯用老师去吓唬孩子："你再不听话，我现在就告诉你们老师去。"有的家长还会碎碎念老师的"不是"，甚至当着孩子的面与老师争吵，这样只会让孩子对老师产生负面印象，让他们对老师甚至对学习都产生排斥心理。家长能够赏识、肯定老师的付出，孩子也会更加尊重、信任老师的教导。

家长如果对老师的教育方式不认同，可以私下与老师交流自己的想法，但是尽量不要当着孩子的面去表达，因为孩子还小，一两句话就可能对他们产生不小的影响。

如果孩子在家长面前议论老师，家长也应该及时劝阻孩子，并给予孩子正确的引导，鼓励他们有想法可以与老师当面沟通。

第四章

班主任教你
如何正确引导青春期的孩子

不要慌，早恋不是洪水猛兽

孩子进入青春期后，早恋成了一个避不开的话题。很多家长都向我询问过孩子在学校有没有早恋的情况，他们中有的人还比较冷静，可大部分人一提到这个话题就如临大敌，非常焦虑。

我做初中班主任的时候，有一天，班上小智的妈妈来找我，问我她的儿子是不是谈恋爱了，她还说了班上另一个女孩的名字。我想了想，两个孩子确实走得比较近，经常一起讨论问题，但是我并没有发现他们有恋爱的迹象。我这么和她说了后，她还是没有放下心来，她很担心，万一孩子早恋影响学习怎么办。我便继续宽慰她，两个孩子的成绩都很稳定，让她不要担心。

过了一段时间后，我突然发现小智的学习状态大幅下滑，整日闷闷不乐，也不再和那个女孩走得近了。他妈妈来问我，小智还和那个女孩来往吗，听见我否定的回答后，她明显松了口气，我也从她那里知道究竟发生了什么事。

小智妈妈无意间发现了小智与朋友的聊天记录，小智说自己有女朋友了，正是那个女孩。这让她勃然大怒，上来就打了孩子几下，并强制要求他分手，否则就要闹到女孩面前去。小智答应了妈妈，和那女孩“分手”了。她发现小智没有骗她，所以很满意。对于孩子学习状态的下滑，她也觉得是因为自己没有及时阻止他与女孩恋爱，现在两人已经分开，只要过了这段时间就好了。

大部分家长将早恋看得如同洪水猛兽一般，就是因为害怕孩子会因此耽误学习。但是通过我多年的教学经验来看，有时候早恋倒是没有耽误他们学习，反而在家长强硬地阻止后，孩子的学习状态就下滑了。

其实，只要父母做好正确的引导，早恋并没有那么可怕。

班主任有话说

青春期的孩子会对异性产生好感，是孩子生理和心理更加成熟的一种表现，是非常正常且自然的反应。

很早就有人对“早恋”一词的科学性提出了疑问，因为青春期的孩子异性之间相互吸引多数都是懵懂的、纯真的，与大人之间的恋爱有本质的区别。

青春期孩子的恋爱存在一种盲目性和从众性，他们可能见到一个长相好看的异性就觉得喜欢，认为打打电话、发发信息就是在恋爱，或者见别人都有了“对象”，自己也要有一个。

关于孩子的早恋问题，很多父母都存在一种错误认知，那就是早恋一定会影响孩子的学习成绩。实际上，这两者之间没有必然的联系，早恋并不一定会影响孩子学习。反而是在知道孩子早恋后，父母严厉反对的态度和手段，给孩子带来了很大的压力，让他们不得不分出心神去应对，他们的学习状态自然就会受到影响。

有时候，早恋带给孩子的甚至可能是好的影响。青春期的孩子都希望自己拥有某些特长，能够受到异性的关注，他们可能会为了博取对方的好感而改掉一些坏习惯。比如，吃饭狼吞虎咽的孩子，在异性面前往往会收敛自己的行为。有的孩子在有了欣赏、喜欢的异性后，还会为了“配得上”对方而更加努力地学习，从而展现自己的能力。

早恋还可以帮助孩子获得更多对爱的理解和体验，也能帮助他们形成健康的性别认知。因此，父母不必对早恋的事情过于慌张。在发现孩子有早恋的苗头后，父母应保持冷静，沉着应对，与孩子进行开诚布公的沟通，并提供指导和建议。这样会降低孩子的抵触、叛逆心理，让事态在可控范围之内。

班主任为你支招

那么，如何帮助孩子正确面对早恋?

◎帮助孩子正视早恋

在很多孩子心中，早恋其实也是一个需要面对的难题。他们可能既控制不了自己被异性吸引，又在内心谴责自己，同时担心家长和老师会发现。这种纠结、焦虑的心情，会影响他们的学习和生活状态。

父母可以告诉孩子，对异性产生好感是一件很正常的事情，他们不用为此感到自责和惶恐，然后可以通过讨论影视剧、小说的剧情，或者讲述自己的爱情经历等方式，与他们谈论一下关于爱情的话题，了解他们对异性的看法，也在讨论的过程中潜移默化地为孩子传达正确的恋爱观念。

◎和孩子谈谈未来

当发现孩子有恋爱的苗头时，父母可以平和地和孩子聊聊对方和这段感情的未来。比如询问孩子，“对方哪里吸引到了你”“你觉得自己和他的未来是什么样的”，等等。

在聊天的过程中，父母可以适时地告诉孩子，早恋的最大问题，并不是成绩下降，而是他可能会错过更多优秀的选择。比如可以和他说：“你现在才读初中，在高中、大学，你还会遇到更多值得欣赏的人。等你足够成熟的时候，才能确定是不是要和对方在一起。”

性意识觉醒，让孩子理解身体变化

孩子到了青春期后，身体会产生巨大的变化，最明显的就是第二性征的出现。女孩会来月经、乳腺发育、体重和身高增加，而男孩则出现遗精和变声、肩膀和胸膛变宽等，这些都是正常的生理变化。可是很多孩子因为生理知识的缺乏，对自己的变化感到恐惧和羞耻。

有一段时间，我发现小楠走路时总是习惯含着胸，还把头压得低低的。我同她妈妈说了这个情况，她妈妈告诉我，自己已经给小楠买了合适的胸衣，可是她说什么都不肯穿，还总说穿上后会显得很奇怪。我知道，小楠是因为自己的身体发育而不好意思了。

很多青春期的孩子在面对自己的身体变化时，都会产生这种“羞耻感”，甚至会感到不知所措和苦恼。这种不知所措偶尔还会带来很多“乌龙”。曾有学生在第一次来月经的时候，被吓得来找我大哭，因为她看见自己没受伤却流那么多血，就胡思乱想地以为自己要死了；有些男孩还会以为遗精是得了怪病。

只有让孩子充分了解自己的身体变化，他们在面对这些变化时，才不会惊慌失措，得以理性应对。

班主任有话说

很多父母会发现，孩子到了青春期后突然变得爱臭美了，无论是男孩还是女孩，总喜欢在镜子面前捣鼓自己，甚至出门前还要好好打扮一番，让自己看起来更好看。

青春期的孩子，对自我价值的判断很大一部分源自外界的评价。他们在这个时期非常渴望被认同和接纳，又十分害怕自己被他人排斥和嘲笑，所以才会非常在意自己在他人眼中的形象。

如果孩子对于自己的身体变化持有一种负面的态度，他们可能一直都不会对自己的外貌感到满意，那样他们就很容易出现心理问题，比如，对自己的外貌变化感到焦虑，甚至自卑。如果孩子接受自己的身体变化，并持有一种积极的态度，无论自己的身体特征如何，都喜欢自己的样子，那么他们整体的自尊心和幸福感就会更高。

除了关注自己身体的变化外，他们还会逐渐发展到对别人的身体变化感兴趣，并伴随着很多疑问的产生，比如，为什么异性的身体变化与自己不同？

他们会逐渐意识到自己的性感觉、性冲动，并因此感到敏感、羞涩、困惑，甚至焦虑，同时对这种感觉从何而来，以及如何应对会产生迫切了解的意愿。

如果孩子的这种意愿遭到父母的批评或忽视，会加重孩子的焦虑，让他们更加难以面对和接纳自己的身体变化。有的孩子还会自己到网络上去搜索，他们还不能判断哪些知识是正确的、哪些是错误的，很容易受到错误信息的荼毒。

所以，父母需要理解和尊重孩子的变化，并对他们的疑问耐心地解答，帮助孩子从科学专业的角度去理解生理知识，从而让他们建立正确而积极的自我认知。

班主任为你支招

那么，如何让孩子理解自己的身体变化呢？

◎父母分享自己青春期的经验

父母可以在孩子刚到青春期的时候，与他们提前聊一聊自己在相同年龄时身体产生变化的体验，帮助他们理解这些变化的正常性和自然性。

比如，妈妈可以与女孩讲一讲自己乳房发育、月经初潮的感受，以及对异性的想法和对性的认识等。爸爸可以将遗精这件事情与其他身体变化讲给男孩听，告诉男孩长大后会长高、长腿毛、长喉结，还会遗精，让男孩理解遗精与其他身体变化没有什么不同。

父母以过来人的身份与孩子分享自己的经历，孩子对身体变化的焦虑、不安和难为情等情绪就会减少许多。

◎讲明早发育和晚发育的正常性

早发育和晚发育的孩子，可能会因为与身边大多数人的发育时间错开，而表现出不同的身体特征，这样的孩子可能会因此害怕受到周围同学的排斥和嘲笑。

父母可以帮助孩子理解，由于受到遗传、营养、疾病等因素的影响，每个人的身体发育时间会有差异，但是早一点儿发育和晚一点儿发育都是正常的。要引导孩子拥有这样一种意识：如果其他人有早发育或晚发育的情况，不应该排斥对方；如果自己有这种情况，也不必感到自卑。

该怎么和孩子谈论“性”

小泉妈妈非常慌张地找到我，说自己无意间发现，孩子的电脑浏览记录里，有不少成人性图片和视频，她不知道该怎么办。我安慰她，孩子到青春期后对性感到好奇是很正常的，只要给予孩子正确的性教育就好。

小泉妈妈和我说，其实孩子自从上初中之后，就偶尔会问自己一些关于生殖器官的问题，每次被问到的时候，她都感到不知所措，更不知道怎么跟孩子讨论关于性的话题。她希望学校能够给孩子讲讲这方面的知识，免得家长面对面和孩子谈性教育会感到尴尬和难为情。

在对孩子的教育工作中，“性”这个话题一直十分敏感。学校确实组织过与之相关的课程，但是家长的态度各不相同，有人支持，自然也有人反对。

对于青春期的孩子来说，性教育是一个不容忽视的教育话题。如果父母不想或不知道如何与孩子谈论“性”，那么孩子对于“性”的认知就会存在误解或者空白。而父母正确的性教育可以帮助孩子建立正确的性观念，也能让他们保护自己免受不必要的伤害。

班主任有话说

关于孩子的性教育，很多家长的认知存在一些误区。有的家长担心，孩子对性知识了解得多了，会引发早恋行为，所以自己避而不谈，也希望老师不要过早教授。

可是，对孩子进行性教育，并不是鼓励孩子早恋，这二者是不能画等号的。导致孩子早恋的往往是孩子对性的好奇心，而不是他们所了解的性知识。

越是对性知识一知半解，孩子越容易为了满足自己的好奇心去进行自我摸索，而这种摸索大多数情况下是错误的。因为他们所接触到的渠道无非就是网络，或者是同学和朋友之间的讨论。网络上信息混杂就不必说了，孩子们之间的讨论也没有多少是靠谱的，因为每个孩子懂的可能都不多，也不怎么正确。

有的家长则是觉得性教育根本没有必要，认为自己小时候也没有接受过特定的性教育，还不是到了年纪就知道了？孩子也一样，等他们长大后自然就懂了。可实际上，现在的孩子所面临的社会和网络环境已经与过去全然不同了，孩子可以轻易接触到很多性知识和性信息。在没有任何人给予他们性教育时，他们可能已经懂得很多了。

如何对已经懂得很多的孩子进行性教育，更是一个难题。父母需要知道性教育是可以被谈论的，与其让孩子自己偷偷摸摸地通过一些错误的渠道了解错误的知识，家长不如大大方方地去和孩子谈论“性”，让孩子对性有正确的认识。

如果孩子询问父母一些关于性的问题，父母不必感到惊讶，更不要试图逃避。或许父母该为孩子能够自然而舒服地和你讨论性的问题而感到开心，这恰恰说明孩子对父母的依赖和信任，也给予了父母一个给孩子提供正确性教育的机会。

班主任为你支招

那么，该如何和孩子谈论关于“性”的话题呢？

◎在放松的环境中谈论

每当我想要与孩子讨论一些正经、严肃的话题时，我都会尽量选择在一个能够让人放松的环境下开始，比如看某个电视节目的时候、饭后闲聊的时候，或者遛弯的时候。

这种时候与孩子自然地谈论一些关于性的知识及自己的看法，可以避免过于正式地和孩子面对面谈论的尴尬。而且，谈话环境和氛围的松弛感能够让孩子卸下心理防备，这也是良好沟通的前提。

◎借助书籍，共同讨论

为了避免自己了解到的知识不够全面、专业，我在对孩子进行性教育的时候，特意去查阅了相关专业机构和一些教育专家推荐的书单，然后选择了一些适合孩子年龄段的书籍给他看。

有时候，我会和孩子一起看，说是和他一起学习，看完之后还会一起讨论。慢慢地，孩子了解到的性知识也就变多了。而且共同讨论还有一个好处，那就是在家中营造一个孩子产生疑问后可以随时询问大人的氛围，免得孩子产生困惑后自己钻牛角尖。

◎使用正确的生理学术语

父母在给孩子解释生殖器官和性相关的问题时，可以直接使用科学的名称，比如“乳房”“阴茎”等词语，而不是使用隐晦的说法。正确的生理学术语能减少孩子面对与性相关的话题时产生的误解和羞耻感。而父母冷静和无羞耻的态度，也能培养孩子在面对性时的健康态度。

孩子总撒谎，不一定是“学坏”

“老师，你说孩子是不是学坏了？她竟然学会撒谎了。”“我都知道孩子没说实话了，他还在那儿狡辩，气死我了。”……我在和青春期孩子的父母沟通时，常常听到这种抱怨或担忧的话。

父母都希望自己的孩子成为一个诚实、品德好的人，所以在面对孩子的谎言时，不免会感到慌张和失望，生怕孩子“学坏”了。其实，孩子撒谎现象的背后往往有多种原因，可能跟“学坏”毫无关系。

小橙的妈妈付女士跟我说过一件让她感到非常愧疚的事情，起因是小橙没有写完作业，却撒谎骗她写完了。付女士发现孩子撒谎的时候，直接狠狠地批评了孩子一顿，她自己气得不行，以为孩子是因为贪玩而学会了撒谎。

当时孩子就哭了，然后问妈妈是不是不爱自己了，因为她只是想要妈妈陪陪自己。付女士说，孩子是看自己周末不加班，终于有空在家了，希望自己好好陪陪她才撒谎的。她知道原因后，十分后悔和愧疚。

孩子撒谎的确是不良行为，但是父母没有必要直接给孩子的品行定性，因为有时候孩子撒谎并不是出于不良的动机。

作为父母，要洞悉孩子撒谎背后的原因和心理需求，再耐心地加以引导，帮助孩子正确认识到撒谎的危害，教会他们如何在未来以诚实面对生活。

班主任有话说

撒谎看似很简单，但它需要人拥有一定的思维能力才能做到。因为人想要撒谎，必须先知道真相，然后在大脑中快速思考如何给出虚假的信息。这对孩子而言，并不是一件简单的事情。

有研究发现，两三岁以前的孩子是不会撒谎的，因为他们并不具备这种能力。这种能力的获得需要孩子大脑的不断发育和与人相处经验的不断丰富，当他们具备了相应的能力后，自然就会出现撒谎的行为。从这个角度来说，孩子出现撒谎行为是成长的自然表现。

孩子撒谎与成年人撒谎有一定区别，多数情况下，他们并不是用撒谎去达到自己不道德的目的，而仅仅是出于一种自我保护。

如果父母在孩子犯错或者未能达到自己的期望时，总是以严厉的批评、责骂对待孩子，孩子可能会用撒谎做防御，以此来让自己免于承受由父母的失望与责怪带来的压力和恐惧。这时，孩子撒谎的行为是安全感缺失和逃避惩罚的自然反应。

另外，孩子会通过观察和模仿别人的行为去学习如何与人相处、如何面对和解决一些事情。有时候，他们出现撒谎的行为，是因为他们见到了身边人有撒谎的表现，从而认为撒谎是一种解决问题的有效手段。

孩子到了青春期，开始注重自我形象和他人的评价，为了获得他人的认可或者避免被他人嘲笑，他们可能会用一些谎言去维护和提升自己的形象，比如编造或夸大自己的成绩。虚荣心作祟会让孩子说谎，但这也体现出孩子对自我价值感和归属感的需求和渴望。

如果父母总是将孩子撒谎的行为与孩子的品质挂钩，并企图用当众戳穿或恐吓、责骂的方式达到威慑孩子的效果，孩子只会越发慌不择路，更不可能诚实地面对父母了。因为很多孩子在撒谎时，本身就处于一种紧张或害怕的心理状态，他们最害怕的就是被严厉地戳穿谎言，那将是对他们自尊心的巨大伤害。

孩子撒谎的背后有着复杂的心理动机，它是孩子成长过程中必然会经历的。只要父母能够正确应对，这个问题就能得到妥善解决。

班主任为你支招

那么，当孩子撒谎时，父母该怎么办？

◎给孩子思考和坦白的机会

有的孩子在撒谎之后，内心也会觉得内疚和后悔。父母不用急着去拆穿他们的谎言，给孩子一点儿时间，或许他们在内疚之后，自己就会主动承认错误。

在这期间，父母可以适当地给予一点儿温和的提醒，比如对孩子说：“你再好好想想，有没有什么事情没有对爸爸妈妈说。”孩子在说谎后，需要一个主动坦白的机会，父母适当地给孩子一个台阶，他们往往就知道如何处理这件事了。

◎给孩子分析撒谎的后果

有的孩子会撒谎，是因为他们不能清楚地意识到撒谎究竟为什么是错的。要让孩子真正意识到撒谎是不好的行为，关键要让孩子意识到撒谎对自己和他人的危害。

比如，在孩子撒谎后，父母可以对孩子说："对于爸爸妈妈来说，最难过的就是你不对我们说实话。如果发现你骗我们，我们会很伤心。"还可以给孩子讲一个故事或生活实例，比如一个孩子因为不诚实的行为在学校被同学们孤立了。

孩子容易冲动，怎么引导

我刚刚带了小方一周，就已经叫他的家长来学校两次了。第一次是因为和他同组做值日的孩子受某些事情影响而晚做了会儿值日，他就大声地责骂对方，其间还把班上打扫卫生的器材摔坏了，甚至差点和对方动手，幸好有路过的老师看见并及时阻止。

第二次是因为有同学在打饭时不小心踩到了小方的脚，对方道歉后将身体向侧面走了一步，省得再踩到他，结果他就把对方推出了队伍，还在食堂大声吵嚷起来。对方见此本想换个队伍排，可是小方却出手拦下了对方，嘴里还说着辱骂的话，一来二去推搡之间，两个人就打起来了。

小方妈妈第一次来我办公室的时候，还向我保证一定会好好管孩子，让他不那么冲动。第二次来的时候，她满脸疲惫地和我说，她好言好语地教育过，也疾言厉色地批评过，只是不知道为什么，孩子就是改不了爱和别人起冲突的毛病。本来她和老公两个人还期待着孩子到了初中懂事一点儿，结果变本加厉了。

一个班上有很多孩子，他们彼此发生矛盾是很正常的现象，有些微小的摩擦也不用过于紧张。但是如果孩子在与别人交往时，经常情绪化、易冲动，还喜欢用暴力的方式解决问题，那么就该引起重视。

孩子总是冲动行事，不仅容易让他们自身受到伤害，也会给周围人造成很多困扰。作为父母，要教会孩子用正确的方式化解冲突和矛盾。

班主任有话说

青春期的孩子内心极为敏感，情绪波动也大，正是一个容易冲动行事的年纪。

他们对别人的评价极为在意，当他们听到别人口中有一点儿关于自己的负面评价时，可能就会通过显示自己的强势、不好惹来吓唬对方，并以此保护自己。所以一些青春期的孩子在和他人交往时，就极爱与人产生冲突。

如果孩子在以往的经历中，社交技能没有得到锻炼，愿望总是很轻易地就被父母或其他长辈满足，那么当他们与心智、阅历都相似的同龄人相处时，可能并不懂得如何进行合适的表达和沟通，也不懂得如何通过商量来解决问题和处理矛盾。因为他们在以往的经验中，得到了太多单方面的耐心和包容，而同龄人之间的交往则是需要相互尊重和理解的，两相对比，自然会感到不适应。

更何况孩子在学校还存在着竞争。无论是学习成绩、班干部竞选，还是老师的关注等，竞争在学校是普遍存在的，这也容易增加孩子们在人际交往中产生冲突的概率。

父母往往会教育孩子，不能随意与别人产生冲突，更不能用暴力解决问题，同时也要教给他们正确化解矛盾的方法，这样才能让孩子顺利解决冲突。

班主任为你支招

那么，孩子容易冲动，父母如何引导？

◎教孩子冷静下来的方法

我会告诉孩子，在与别人发生矛盾后，第一步就是冷静下来。只有冷静下来，才能看清问题并找到合适的解决办法。

我给孩子提供过几个保持情绪冷静的方法，比如，喝口水、深呼吸，或者暂时远离现场，去做点别的事情转移注意力。

◎教孩子解决冲突的技巧

有一次，我的孩子和同学因为互相叫外号而引发了冲突，我趁此机会告诉了他一些解决冲突的技巧。

我和他说，如果是对方引起的冲突，你可以明确地向对方传达自己的观点和感受，然后再带上一点儿建议，比如和他说："你叫我外号让我感到很生气，我们相互尊重，好好称呼对方好吗？"如果是你挑起的冲突，那么就诚恳地指出自己的错误，以及给对方带来的不好的感受，并向对方道歉，寻求原谅，比如和他说："我不应该叫你外号让你不开心，对不起，我以后不会这么做了，请你原谅我好吗？"

◎孩子冲动行事后适当给予惩罚

如果孩子经常因为冲动行事而造成不良的后果，父母除了要及时制止孩子的行为外，还要明确地告诉他们这样做是错误的。同时可以设定一些小惩罚，让孩子意识到自己做错了事需要承担后果。但惩罚的内容要尽量选择温和一点儿的方式，比如罚做家务、罚静坐等，以免对孩子造成心理伤害。

第五章

班主任教你
如何化解孩子的叛逆行为

孩子总是顶嘴，怎么沟通

不少家长都和我说过一个问题，那就是孩子越来越大，也越来越难管了，自己说一句话，他能顶十句嘴。每到这个时候，家长都会觉得自己的怒火要收不住了，简直要被孩子气死。其实，孩子顶嘴的背后，可能有父母不了解的苦衷。

有一次，我到小葵的家里家访，没等我说什么呢，她妈妈就先跟我道了歉，说孩子不懂事给老师添麻烦了。我赶紧告诉她，孩子挺懂事的，就是学习方法上需要调整。我说的是实话，可她却觉得我是在说场面话，接下来跟我控诉了孩子在家的一些表现，说孩子在家就是不听话，还经常顶嘴。关于孩子顶嘴的事，她说了一大堆，然后感叹着不知道怎么管孩子才好。

她说这些的时候，孩子在边上一言不发。后来，我把小葵叫出去，单独与她聊了聊。她一个人面对我的时候，满脸都是泪，第一句话就是："反正我说什么都是顶嘴，都没用。"孩子告诉我，其实她也不想顶嘴，只是有一次她想要帮妈妈干点活，结果不小心把碗摔了，妈妈上来就责怪她，她想要解释，结果妈妈就说她顶嘴了。从这之后，她觉得反正妈妈怎么样都觉得自己是在顶嘴，那干脆就做一个顶嘴的人好了。

很多时候，父母气急时，可能根本听不进孩子说的话。但是不管孩子出于什么原因顶嘴，父母过于强硬、粗暴的控制往往会更加刺激孩子的叛逆心理，让他们强化这种行为。即便孩子可能会出现妥协，那也是暂时性的。

面对孩子顶嘴的行为，父母只有保持冷静和耐心，才能顺利地弄明白孩子为什么顶嘴，这样亲子之间的沟通也会变得顺畅。

班主任有话说

很多父母对孩子有很强的控制欲，认为孩子始终都要听自己的话。但是他们可能忽略了一点，孩子在什么都不懂的时候确实需要父母给予一定的指导和约束，可是孩子会逐渐长大，并拥有自己的想法和观点。

尤其到了青春期之后，孩子的自我意识增强，他们会渴望拥有更多的自主权和独立性，并企图摆脱对父母的依赖，希望获得父母的尊重。如果父母还是一味地用过于严厉或命令式的语言和孩子说话，比如“你给我去……”“你懂什么……”，那么孩子只会觉得自己不被尊重、理解和重视，他们自然就会用顶嘴来表达自己的不满和反抗。

对这样的孩子来说，顶嘴并不是在挑衅父母，他们只是想通过这种方式来告诉父母：“我已经长大了。”

有时候，孩子顶嘴还是他们渴望被关注的信号。如果父母忙于工作，平时疏于对孩子的关心，那么孩子就可能产生不满，表现在行为上就是与父母唱反调、顶嘴。实际上，这是他们渴望被关注，希望父母能将注意力多放在自己身上的表现。

在他们心里，哪怕被父母训斥，可能也好过被父母忽视。这看似是与父母对抗，实则是在向父母寻求帮助。

孩子顶嘴的原因和目的各不相同，不能一概而论。有的孩子顶嘴，可能是反感父母的教育方式；有的孩子顶嘴，可能是为了逃避批评和责骂……作为父母，要分析清楚孩子顶嘴的目的，才能根据情况做出应对。

班主任为你支招

那么，孩子总是顶嘴，该如何沟通呢？

◎表达自己的感受和期望

孩子与人沟通的经验不足，他们在争吵过程中可能会说出一些伤人的话。这时，父母可以清晰而温和地告知孩子自己的感受和期望，比如："我知道你不开心，但你这样的表达有些伤人。""我感到有点伤心，我希望你能够用更温和的方式和我交流。"这样的表达方式避免了指责孩子，更容易让孩子接受并反思自己的行为。

◎给予孩子做选择的权利

孩子顶嘴，多半是有自己的需求。遇见这种情况时，父母可以适当地给予孩子自己做选择的自由，比如和孩子说："你想怎么样呢？我们可以一起来商量一下。"这也是在告诉孩子，他的想法是被尊重的，遇到事情可以和父母商量，而不是一定要用顶嘴的方式来反抗。

孩子不服管教，怎么解决

我和家长沟通时，不少家长都说，孩子一进入青春期，就好像变了个人一样，成为一个行走的“炸药包”，说不得骂不得，一言不合就与父母争吵起来，这让他们颇为头疼。

这是因为，在青春期这个阶段，父母不再是孩子眼中依赖的对象，而是代表了他们走向独立时需要被推翻的权威。他们的叛逆、乱发脾气，其实都是想要在父母这里拿到属于他们的自主权。

如果父母仍然使用之前的教育方法，孩子可能会觉得父母说什么、做什么都是错的，然后和父母对着干。

轩轩初二的时候，曾在一个假期里自作主张染了一头花花绿绿的头发，还打了耳钉。我为了此事和他妈妈联系，可他妈妈表现得十分无奈。她说，孩子爸爸已经为此不知道打骂他多少回了，但他就是不改，父子俩现在的关系闹得很僵。

距离我与他妈妈的谈话过去没多久，我发现孩子的头发竟然染回来了，耳钉也不见了，甚至连上课的态度都好了不少。我找机会与轩轩聊了聊，才知道他有如此转变的原因。

有一天晚上，轩轩趁着父母熟睡的时候，和几个认识的朋友偷跑去了网吧玩。凌晨五点的时候，他起身买饮料，突然看见了在网吧门口徘徊的爸爸。当时爸爸没有严厉地指责他，只是和他说，网吧这种地方人员混杂，自己很担心他的安全，然后还带着他去吃了早点。

轩轩那时才知道，爸爸半夜醒来看见他不在，就一个网吧一个网吧地找，凌晨三点多才找到他。爸爸又因为害怕自己直接冲进去把他带走会让他感到没面子，所以就一直在外面等着他。记得当时孩子别别扭扭地和我说："爸爸都那样放低自己了，我再和他对着干就太没意思了。"

我想，面对处于青春叛逆期的孩子，比起强硬的手段，父母以尊重为前提的适当示弱和退让，或许会更有力量。

班主任有话说

孩子有时候的叛逆行为，其实也是迫不得已的表现。因为青春期的孩子需要面对考试、升学、交友等多方面的问题，还要承担来自家庭、社会和自我的多重期待，所有的这一切都会成为孩子身上的压力。

如果他们没有有效排解压力的方式，那么这些压力在孩子心中积攒得多了，就会像弹簧一样反弹回去，表现在行为上就是叛逆。比如反抗父母和老师，不是拒绝听从他们的话，就是故意做出与他们的期望相违背的事情。这时，父母越是想要管教他们，他们反而越反感。

其实，孩子想要的并不复杂，就是希望父母多尊重和理解他们一点儿，不要一直把他们当作小孩来管教，而是要当作"大人"来平等地看待。青春期的孩子渴望被尊重的需求往往极为强烈，当他们感到自尊心被照顾到了，和父母对着干的想法自然也就会消除。

在教育学上有一个“漏斗法则”，就是指在教育孩子的过程中，要实行“先紧后松”的教育策略。也就是说，在孩子年幼的时候，父母要严加管教孩子，帮助孩子形成良好的习惯和健全的人格。而在孩子逐渐长大，进入青春期之后，父母要逐渐放手，让孩子学会自己承担各种压力和责任，以及做错事的后果。这样，孩子最终才会成为一个思想和人格都独立的人。

班主任为你支招

那么，如果孩子不服管教，该怎么解决呢？

◎引导孩子自主管理时间，不在小事上较劲

父母可以不用自己的标准去处处约束孩子，在保有原则和底线的基础上，给予孩子适度的自主权，让他们能够在课余时间自主管理时间。

比如，不在小事上和孩子较劲，几点睡、什么时候洗澡等，孩子会有自己的一套行为模式，如果父母处处纠正，他们可能会故意反着来，以此彰显自己的尊严和宣泄不满。

如果真的要制定一些规则，比如学习和娱乐的时间安排，在制定过程中也要让孩子参与，这样他们会更容易接受并自觉遵守。

◎以商量的方式解决问题

有一天我看了天气预报，说会降温，我下意识地和孩子说：“天冷了，多穿件棉裤吧。”孩子立刻就拒绝了我：“不用，我不冷，我都这么大了，难道还不知道冷热吗？”于是我换了种说法：“我刚刚

给你买了件薄的保暖衣，穿着不臃肿还暖和，你要不要试试？”他犹豫了一下说：“那我试试吧。”

同样的事情，父母不同的态度和语气，孩子的反应也会不一样。因为比起父母说出的内容，他们更在意父母的态度。在和孩子交流的过程中，如果父母尽量以一种商量的语气和他们说话，他们会更容易接受。

孩子老是逃学，怎么应对

孩子逃学这件事情，哪个家长碰上了大概都会手足无措。青青初三的时候，作为她的班主任，她妈妈就无数次地为了此事找我沟通。她常说自己十分后悔，在青青刚上初中，第一次逃课出去玩的时候，没有严加管教。

因为当时她和家人都觉得，小孩子贪玩也是正常的，或许等孩子大一点儿之后就不会再这样了。可是没想到，后来孩子反而逃学逃课成瘾了，一到上学时间就总是找各种理由不去学校。无论她和老公说过多少次“学习很重要”“逃课是不对的”，孩子都无动于衷。

到初二的时候，青青逃课的频率变得更高了。一旦受到父母的责骂，她就会反驳：“我就不喜欢上学，你们为什么要逼我？”她甚至学会了离家出走，一家人不知道找了她多少次，这实在让人感到心力交瘁。

于是，青青妈妈就和我商量，孩子现在上初三了，希望给孩子安排住校，她觉得这样就能让孩子对学习上点心。但是事情没有她想象的那么顺利，孩子住校后也翻墙逃课了。不过，她翻墙的时候被学校老师看到了，没能成功。我知道这件事情后，没有急着责怪孩子，而是与她进行了一次深入的交谈。

我询问青青，为什么这么不喜欢在学校待着呢？孩子和我说，因为学习和学校都很无聊，而外面的世界很有意思。我从她口中知道，她从上初中起就很少参与班上的活动，经常独来独往，在学校没有什么朋友。她觉得其他人都有一个圈子，而自己根本融入不了，也就越发不喜欢在学校待着了。

知道这一点后，我主动让青青参与一些班级活动，帮助她去结交更多的朋友。慢慢地，青青在班上明显活跃起来，也没有再逃过课。

班主任有话说

孩子会逃学，除了与同学之间的人际关系不太好之外，还有一个非常普遍的原因，那就是厌学情绪严重。

如果孩子的学习基础比较差，上了初中后经常听不懂课堂知识，而他们在课堂上又不能做其他的事情，待在教室和学校里就会让他们感到非常难受。而且本来就跟不上学习进度的孩子，如果再感受到父母对自己的高要求和高期待，并且被强迫着进行学习，他们就会渐渐失去对学习的兴趣和动力，出现逃学的行为也就不奇怪了。

有的孩子不想去学校，还可能是因为在学校经历了某些他不想面对的事情，比如遭遇了校园欺凌，或者是经历了考试失利等。事情越严重，孩子逃学的想法就越强烈。这时候，如果父母不弄清楚缘由就强硬地把孩子带到学校，很有可能会给孩子造成二次伤害。

当然，有的孩子确实是因为贪玩而逃学，尤其是住校的孩子。因为校内对孩子有着各种约束，而校外则完全不同，孩子可以在校外找到各种令自己放松的事情，比如去网吧。

孩子一旦有过一次成功逃学的经历，可能就会变得胆大起来，甚至逐渐形成习惯。所以，父母对于孩子逃学的行为不能轻视，但是也不要第一时间就指责孩子，否则只会让他们本能地想要逃离。

父母只有耐心地去了解孩子，找到孩子逃学的原因，才能有针对性地做出有效的应对，从而纠正孩子逃学的不良行为。

班主任为你支招

那么，孩子总是逃学，该如何应对呢？

◎共情、理解孩子

如果孩子产生了不想上学的想法，这时父母可以先试着去共情、理解孩子，比如对他们说："确实是，学习真的很辛苦，白天上课，晚上还要写作业，周末作业更多。"

然后再表现出自己会与孩子站在一起的想法，告诉他们："所以我们得想办法，不能被'辛苦'打败，看来你一个人已经难以战胜它了，那就来跟爸爸妈妈说一说，我们一起想办法吧。"

有时候孩子只是想要获得一种理解和支持而已，父母表现得开明而宽容，孩子也会对上学这件事多点耐心。

◎鼓励孩子积极与同学交往

父母要鼓励孩子平时多参与学校的各类活动，如果担心孩子自己不会主动参加，可以与老师沟通，增加孩子参加集体活动的机会，帮助他们积极与同学交往，拓宽他们的社交圈子。这样能够加强孩子对班级和学校的归属感。

◎降低对孩子学习上的期望

父母要根据孩子的实际情况对孩子提要求，不要超出孩子的承受能力，以免孩子觉得自己难以达到父母的期望而心生挫败，从而放弃和逃避。如果发现孩子有一阵子压力过大，父母也可以与老师联系，暂时降低对孩子学业上的要求，让孩子有喘息的时间，从而让他们重拾上学的信心和热情。

孩子沉迷追星，怎么引导

“老师，这个学期怎么又要交书本费啊？”婷婷的妈妈魏女士问我。我有点奇怪，但还是告诉她，最近没有收取任何费用。

之所以会有这样的乌龙，是婷婷以交书本费为由向魏女士要钱，因为她用于追星的钱不够了。魏女士和我说：“我真没想到她沉迷追星已经到了这个地步。我问她为什么给偶像打榜，她竟然说‘他需要我来守护’，还说自己是死忠粉，我真是要被她气死了。”

刚开始发现婷婷追星，是她在课上偷偷看关于偶像明星的相关资讯，被我看见了。她的父母这才知道孩子成绩大幅下降跟追星有关。当时魏女士就严禁孩子继续追星，不过她的禁止并未奏效，孩子的追星行为转到“地下”了。

有好长一段时间，谁都没有发现婷婷还在继续追星，还是这次她撒谎要钱才被发现了。魏女士和她老公一起检查了孩子社交软件上的账单，发现她竟然将零用钱都用在了追星上，甚至还偷偷用过父母的钱。

这个发现让他们夫妻二人都非常生气，可没想到和孩子挑明后，她反而还振振有词。家里爆发了一次争吵，魏女士非常疲惫地和我说，她已经不知道该怎么办了。

青春期孩子追星的行为并不少见，有时候我走在学校里，路过几个学生，都能听见他们在兴奋地讨论着某个明星。男孩和女孩都会追星，只不过领域会有所不同。

追星这个行为在很多家长看来，需要孩子投入大量的时间、精力和钱财，难免会担心孩子的学习和生活受到影响。但实际上，并不是所有孩子追星都是不理智的，父母不用急着禁止，如果对孩子追星的行为进行积极的引导，还可能会让他们从中受益。

班主任有话说

青春期的孩子开始摆脱父母，走向自立，他们的心态是趋于成年人的，但又不能真的像成年人一样独立，因此他们可能会比较迷茫，不清楚自己将来要成为一个什么样的人，而偶像的存在让他们看到了自己想要成为的人的具体模样。

孩子追星，追的其实可能是一个理想的自己。成为一个像偶像那样的人，孩子的这种愿望越强烈，他们的行动可能就越狂热。

追星，还是孩子融入群体、获得群体归属感的利器。孩子到了青春期之后，老师、家长的教诲可能会让他们产生抵触情绪，他们非常渴望寻找到一个能够认同自己想法与行为的群体，而追星就能带来这样一种群体。拥有相同的偶像，就是他们的共同语言之一。

这个群体之外的人，包括老师和家长，越是反对他们，他们的凝聚力可能就越强。有的孩子甚至并不是出于喜欢这个偶像才去追逐他的，只是因为他们想要在一个特定群体中获得一份归属感。

追星也是孩子逃避现实压力的一种途径，在追星的开怀大笑中，他们可以短暂地忘记或者宣泄学业、人际交往、父母期望等带来的压力。所以，追星本身对孩子来说，并不是一件不好的事情，关键要看孩子选择什么样的人去追逐，以及追星的投入程度。

有的孩子只是将追星作为一种娱乐和社交功能，只要能了解或者与他人共同分享偶像的信息，自己就能感到快乐，这种情况并没有什么可怕的。而有的孩子追星则达到了痴迷甚至疯狂的程度，他们愿意为了偶像支付大量金钱，甚至会为对方做出一些不良行为，这种非理智的程度就需要父母及时介入了。

班主任为你支招

那么，孩子沉迷追星，该如何引导呢？

◎不强行压制、不随意放任

父母可以对孩子的追星行为多一些理解和包容，在孩子向自己“安利”偶像的时候，做到耐心地倾听，还可以适度共情孩子，说一说自己在他那个年龄段也有过崇拜的人。这会让孩子感受到父母的理解和认同，更加愿意采纳父母提出的追星建议。

父母可以告诉孩子，追星不一定非要花钱，给偶像写一封信也可以表达喜爱之情。引导孩子在可承受范围内追星，给他们制定一个追星的规则，比如规定不能盲目跟风、不能过度消费等，建立适度的奖惩机制，以规范他们的行为。

◎和孩子分析喜欢偶像的理由

父母可以和孩子讨论一下，为什么会喜欢自己的偶像？引导孩子去发掘和关注偶像身上值得学习的优点，比如坚韧的个性、谦虚的态度等。同时，父母要适当地提醒孩子，每个人身上都是优点和缺点并存的，偶像也不例外，不能对他们过度崇拜，要学会理性地思考和辨别。

孩子有攀比心理，怎么纠正

“别人都买了游戏新皮肤，我也要有。”“妈妈，你为什么是骑电动车，而不是开着车来接我？”……不少家长听了孩子这样的话后，向我表示了自己的担心。

晓晓妈妈有一次就因为孩子突然和她说想要一双名牌球鞋来找我，话语里带着十足的担忧，问我班上其他孩子是不是都穿名牌球鞋，自己要不要答应孩子的要求。

沟通后得知，晓晓以前从来没有在意过所穿鞋子的牌子，却突然问妈妈能不能买一双名牌鞋子。在妈妈问及原因的时候，孩子说话都带上了哭腔，说班上的同学都穿名牌，都是好看的贵的鞋子，只有自己穿没有牌子的鞋子，现在她都不敢和其他同学一起走，害怕被人笑话。

见孩子这么委屈，晓晓妈妈说自己心里也很难受，有点害怕孩子的自尊心受挫，所以想满足她，可是又觉得这是孩子爱攀比的虚荣心，不能一味纵容。她实在纠结，不知道该如何是好。

与孩子打了这么多年交道，我发现其实攀比行为在孩子们当中很常见。无论是家境、外貌、拥有的物品还是学习成绩，都能成为孩子在学校里比较的对象。比过了其他人的孩子往往会沾沾自喜，比不过的孩子则可能会产生自卑心理。

而这样的攀比，往往属于过度的、恶性的攀比，会使孩子过于注重外在物质的比较，而忽视了内在自我的提升。但攀比本身其实是一种正常且普遍存在的心理诉求，适当且适度的攀比，还可能是件好事，比如，这恰恰说明孩子拥有竞争意识和上进心。

父母不用因为孩子具有攀比心而过度担忧，而是应该给予孩子正确的引导，帮助他们摆脱恶性攀比，学会在攀比中提升自己。

班主任有话说

现在家长当中流行这样一种观点，就是“亏什么也不能亏孩子”。父母想要给孩子提供比较好的生活条件当然没有错，但是如果孩子的任何要求，父母都不假思索地满足了，那么他们就会逐渐习惯这种有求必应，虚荣心也会越来越强。

他们可能看见别人拥有某样东西，自己也想要拥有，无论这是否在自己和父母的承受范围之内。一味地被满足的经历，让他们不懂得去控制自己的欲望，只会变得更加浮躁和不满足。

有些孩子爱攀比，并不是因为他们真的对攀比的对象有需求，而是因为他们想要在比较中胜过别人，以获得父母或者其他人的关注和认可。尤其当父母总是拿他们和别人进行比较，并且经常在他们面前夸奖别人优秀时，他们更容易滋生攀比心理。

这时，如果父母强硬地拒绝或批评了他们的要求，那么在他们心里，这可能并不仅仅是当下某一个要求没有被满足，而是代表了父母对自己的不关心、不重视。

内心越是充满不安全感或自卑感的孩子，越容易产生攀比心理，他们会试图通过比较和超越他人，来提升自尊心。

过度的攀比可能会让孩子形成错误的价值观，而适当的攀比，有时候能够让孩子在生活中保持自信，拥有健康的竞争意识，从而促使他们取得进步。

班主任为你支招

那么，如何纠正孩子错误的攀比心理呢？

◎引导孩子和自己比较

如果孩子因为和别人比较而感到沮丧、自卑，父母可以引导孩子只与过去的自己比较。比如，孩子考试没有考过自己的竞争对手，但是比上次的自己提高了几名，这就是进步。父母可以告诉孩子，不必因为别人考出的名次而难过，因为他是他，你是你，只要你与自己相比有所进步就好。

◎引导孩子用别的方式赢得关注

发现孩子有攀比心时，父母可以引导孩子将注意力放在更有价值的地方。我的孩子有一次希望我给他买一个新书包，这个要求很好满足，但是我在得知他之所以产生这个想法，是因为看见别人买了一个新书包，不想输给别人，而不是因为自己需要时，我告诉他："你现在用于买东西的钱，都是父母赚的，并不能证明你自己的能力。真的想要战胜别人，那就比一些自己拥有的能力和本事。"

我还告诉他，有很多途径可以展现他的能力，让他获得别人的称赞，比如，学习成绩名列前茅、运动会上获得冠军或者文娱晚会上进行表演等。

◎引导孩子明白，人的个性是多元的

我时常告诉孩子，人的个性是多元的，“社交能力弱的孩子，可能成绩很好；成绩不好的孩子，可能情商很高”“每个人都有自己的特点，有些突出，有些不明显”，等等。

这些话都是想让孩子明白，每个人都有独特之处，要尝试去探索自己的才能，不要用与他人比较来证明自己的价值。

第六章

班主任教你
如何帮孩子做好情绪管理

总是大吼大叫的父母，养不出情绪稳定的孩子

有一天我偶然遇见了蓁蓁的妈妈，在聊天中她向我抱怨，孩子现在动不动就使小性子、耍脾气，做事情一点儿耐心都没有，也不知道什么时候能成熟起来。

早上她想给孩子多加件外套，结果孩子不愿意，直接吼了她。她送孩子上学的路上，因为出门晚了点正好赶上堵车，根本走不动，眼看着就要迟到了。于是，她就和孩子提议，跟老师说一声晚点到。结果，孩子直接就想打开车门出去，骑车走。她赶紧把孩子叫住了，然后孩子就闭着眼睛在车上哭，也不愿意和她说话。

她边讲边气愤地说："我看这孩子就是故意想和我吵架。"我问她经常和孩子吵架吗，她说孩子的态度都那样了，自己很难不和她吵架。我委婉地提醒她，或许下次可以对孩子多点耐心，不跟孩子吵，也不对孩子发泄自己的情绪。她答应了尽量去试试。

后来，蓁蓁妈妈再来找我的时候显得高兴了不少。她说很奇怪，自从她克制自己尽量不对孩子发火之后，孩子的脾气好像真的变好了

不少。有一次，蓁蓁不小心摔碎了家里的一个小鱼缸，按照以往的情况，她早就开始大声责骂孩子了，孩子估计会气得摔门回屋，到最后还得自己收拾。而她现在冷静地和孩子说："没事，我们一起收拾。"没想到孩子却乖乖地说："好的，妈妈。"

很多父母向我抱怨，孩子情绪太不稳定，对自己的态度也总是缺乏耐心。但他们多数都忽略了自己是怎么对待孩子的，是不是在孩子吵到自己工作的时候对他们大吼大叫了，是不是在孩子不小心弄坏东西的时候向他们发火了。

有的父母还说，自己心里知道对待孩子要态度温和一些，然而要做到这一点太难了，自己本来工作和社交的压力就大，再碰到孩子不听话，情绪就忍不住爆发。

也许正是因为父母总是不能在面对孩子的时候控制好自己的情绪，所以孩子才学着父母的样子，把父母对自己的态度回击到他们身上。父母想要培养出情绪稳定的孩子，首先自己要有稳定的情绪才行。

班主任有话说

孩子其实很小的时候就能够敏锐地察觉到父母的情绪。比如，孩子在看见大人对着他们笑，表现得心情很好的时候，他们多数也会凑过来玩闹，开心地问这问那；可是如果大人板着脸，说话也冲冲的，表现出焦虑或愤怒的情绪，那么孩子也无法放松下来，会变得小心翼翼和沉默。

到了青春期，孩子对情绪的体察会变得更加敏感。如果父母总是处于一种抱怨、急躁的情绪状态之中，孩子也会变得焦虑和脆弱，遇到事情时难以用自信、平和的态度去面对。

只有当孩子感受到父母在任何情况下都能够保持冷静和理性的时候，他们才会相信父母是可以信任和依赖的，会相信即使自己因为尝试了新的事物和挑战而犯错，也会被原谅。如此，他们才有自信和勇气去靠自己解决问题，而不是因为害怕被批评而焦虑、急躁、畏首畏尾。

而且，孩子的学习模仿能力很强，父母又是他们身边最为亲近的人，他们会在潜移默化中习得父母的处事方式、情绪处理方式等。所以不难发现，在这些方面，很多孩子和父母特别相像。如果父母总是用大吼大叫的方式来处理问题，那么孩子遇到问题时也会如此。

而父母情绪稳定，可以为孩子树立一个情绪管理的榜样，让他们学会如何从容地去应对生活中的情绪波动。

班主任为你支招

那么，如何让自己的情绪保持稳定，也培养孩子稳定的情绪呢？

◎让自己的负面情绪有消解之处

父母如果一直积存着负面情绪，也会让孩子感到焦虑。因此，父母需要让自己的负面情绪有个合适的宣泄渠道。比如，听轻快的音乐、看一场喜剧电影、运动，或是找朋友倾诉。

总之，如果父母根据自己的喜好把带着攻击、压抑的负面情绪转移到其他地方去，就能以平和、稳定的情绪面对孩子。

◎想发火时先转移注意力

有时候孩子的一些表现也让我感到生气，忍不住就想对他发火，不过我知道发火没有任何用处。这时候如果是孩子的情绪更不好，我会给他递杯水或者拿包零食，缓解一下当下的气氛；如果是我自己的情绪更不好，我一般会先换个环境待着，找点别的事情做，转移一下注意力。

我告诉孩子，在两个人情绪都不好的时候，先不要讨论任何问题，等我们都冷静下来再说。在冷静下来后，我会找合适的时机和他一起商量解决办法。

接纳负面情绪，给孩子足够的心理安全感

我发现，很多家长对孩子的衣食住行照顾得无微不至，却对孩子的心理感受后知后觉，甚至轻视忽略。可是如果孩子的内心疲惫不堪，他的学习和生活又怎么可能不受影响呢？

有一次考试，数学卷子的难度严重超纲了，孩子们的成绩都很低，情绪也比较低迷。数学老师还特意在课上和孩子们说，让他们不要太在意这次考试的分数，只要把卷子中该弄懂的题都弄懂就好了。

大部分孩子听见这话心情都好多了，可是我发现小涛仍闷闷不乐。我以为他在学习上遇到了什么困难，就找他聊了聊天。从他口中得知，他不开心与考试有关，但并不是因为分数。

他告诉我，他回家后向妈妈解释，这次因为题目太难所以成绩才不理想，本来以为妈妈会安慰和鼓励自己，结果却遭到了她严厉的批评："题目难？这就是考得不好的理由吗？别人不也一样做难题吗？你怎么就做不出来呢？你平时有没有认真学习？别找那些借口了。"他没想到妈妈不仅不安慰自己，反而怪自己学习不努力，可是之前他考得

好的时候，妈妈就说是题目太简单，让他别骄傲。

有的父母在孩子表现出负面情绪时，总是喜欢用一大堆道理去劝导、教育孩子，或者根本不当回事，随意敷衍过去。

殊不知，孩子在向父母表达负面情绪时，其实就是变相地在向父母传达一种渴望被接纳、相信、重视的诉求。如果父母没有积极地回应，他们就会非常失望，连带着负面情绪带来的压力也会加重。

父母要在孩子向自己展现出负面情绪时，正视和接纳他们的情绪，这样才能给予他们足够的安全感。

班主任有话说

很多父母对于负面情绪存在偏见，认为负面情绪都是“坏”的，而且总希望孩子的这种“坏”情绪能够快点结束。尤其当孩子哭的时候，他们更是难以面对。

孩子一哭，他们就会焦虑，因为这会给他们带来一种无能感和无力感。为逃避这种感觉带来的痛苦，他们唯一能做的就是阻止孩子哭。

但是哭泣实则是孩子宣泄负面情绪最安全的方式，如果一直不被允许哭，就如同宣泄情绪的闸口被东西堵住了。闸口内的情绪不会凭空消失，只会越积越多，总有一天会不堪重负，泛滥成灾。

实际上，情绪没有好坏之分，即使是难过、痛苦、恐惧等负面情绪，对孩子也可能是有益的。比如有助于孩子丰富情感体验，还能帮助他们提高情商。

一个从小负面情绪就不被接纳的人，他可能会缺乏安全感。而缺乏安全感的孩子，可能会认为父母不爱自己，经常担心自己被抛弃，而且容易变得敏感而自卑，什么事情都不愿意表达出来。

父母理解和接纳了孩子的情绪时，孩子会因为感受到来自父母的宽容、关心和支持而充满安全感。安全感会让孩子拥有一种从恐惧和焦虑中脱离出来的信心，这对孩子的成长至关重要。

所以，如果父母想要管理孩子的负面情绪，就不要去压制它，而是需要去接纳它。

班主任为你支招

那么，如何做才能接纳孩子的负面情绪呢？

◎让孩子表达自己的情绪

孩子有负面情绪的时候，父母要鼓励其说出来。在说的过程中，孩子会逐渐认识到自己当时的具体感觉，这是处理情绪的开端。有时候，他们将情绪表达出来，并不需要父母过多开解，自己可能就没事了。

有一次，我的孩子因为马虎，在考试中落下了卷子背面的两道大题没有做，成绩下来后他懊悔又委屈，告诉我这件事的时候都要哭出来了。我没有批评也没有制止他，而是和他说："我知道你现在很不开心，哭一会儿也没关系。"他哭出声来，但过了一会儿情绪就过去了，又自己去做其他事情了。

◎与孩子感同身受

我的孩子有一段时间喜欢长一点儿的发型，用刘海遮住眼睛，不过这不符合学校规定，最后他还是把头发剪了。结果他一回家就老是照镜子，还显得非常不开心。

我知道他是因为自己的发型才生气，于是立刻对他表示了同情：

“我太理解你了。像你这么大的时候，我有一头到腰那么长的头发，但是你姥姥非要让我剪了，当时把我心疼的，哭了一个晚上呢。”听了这话，他进屋待了一会儿，再出来的时候心情看起来好多了。

孩子发脾气，教会他如何生气

亮亮妈妈向我倾诉，孩子上初中后，脾气越来越差，平时稍不顺他的心意，就立刻翻脸，说话还冲。

她说自己现在和孩子是话不投机半句多，想沟通的时候，没说两句可能就吵起来了。为此，她感到很焦虑，不明白为什么原本挺乖的孩子变成现在这样了，也不知道怎么和孩子相处。

很多家长都遇到了和亮亮妈妈一样的情况，对于孩子爱发脾气这件事感到颇为头疼。不过我都会和他们说，不必太过担心，因为这是孩子生理和心理发育后的正常表现。

情绪谁都会有，孩子和大人一样。尤其是对进入青春期的孩子来说，他们心中的想法和需求不断增加，可是能力又暂时无法满足自己的需求，心里自然会产生挫败感和无力感。这些感受到一定程度后是需要宣泄出来的，而发脾气就是最简单直接的宣泄方式。

家长们面对孩子发脾气的态度大不相同：有的人训斥孩子“你看看你做得对吗，你还有脾气了”；有的人吓唬孩子“再闹就到外面去，别进屋了”；还有人会强制让孩子闭嘴，或者用冷处理的方式，不理会孩子……

他们在向我反馈时都会说，孩子是如何生气、如何发脾气的，自己又是如何应对孩子发脾气的。但大部分人却忽略了，在孩子发脾气时，教会他们如何“好好生气”。

班主任有话说

孩子生气不一定代表无理取闹，发脾气也不等于他们脾气差，这只是人正常的情绪表达方式之一。脾气再好的人也有发脾气的时候，这件事本身是无害的，也不需要被诟病。

从教育学的角度来说，一个孩子如果从来不会发脾气，才是最值得警惕的事情。因为孩子不会无缘无故地发怒，他们愤怒的背后，是心中有所求，也是希望用这种方式引起父母的重视。这恰恰说明，孩子对于父母还存在着依赖、信任和期待。

有些父母常说，孩子与自己之间十分疏离，平时不与自己交流，只有吵架时才有话说。但正是这些吵架的时刻，背后可能隐藏着孩子的心里话。父母一味地制止孩子发脾气，有时候就相当于对他们的心中所求视而不见，孩子只会越来越失望，越来越沉默。等他们连架都懒得吵了，才是真的疏离了父母。

有的父母会觉得，自己已经做得够多了，忍让、退步、服软都做过了，但孩子脾气还是很大，未免过分了。但是任何情绪的平息都是需要有过程、花时间的，一个前一秒还怒不可遏的人，怎么可能下一秒就温声细语了呢？尤其是对于情绪控制和管理还不成熟的孩子来说，要一下子控制住脾气很难。

所以，父母需要帮助孩子学会好好发脾气，在合理发泄自己情绪的同时，守住发脾气的底线，不使用暴力行为，不伤害到他人和自己。

班主任为你支招

那么，如何教会孩子合理地宣泄情绪？

◎引导孩子把情绪说出来

在孩子生气时，父母要引导孩子将当下的情绪说出来，比如问问孩子：“刚才妈妈没有听见你说话，所以你生气了，是吗？”“因为你觉得我关心弟弟，没有关注到你，所以你感到委屈了，是吗？”……

告诉孩子，在生气时要用语言将情绪清晰地表达出来，这样可以有效帮助自己平复心情，恢复冷静。

◎鼓励孩子表达自己的诉求

如果父母实在不清楚孩子是因为什么而生气，可以在孩子的情绪有所缓和的时候，轻轻地问问孩子：“刚才是有什么事情让你不高兴了吗？”或者：“遇到什么麻烦了吗，爸爸妈妈可不可以帮到你？”同时告诉孩子，只有他们清晰地表达了自己的诉求，父母才好帮助他们解决问题。让孩子意识到，父母是想要帮助他们的，但前提是他们要说清楚想要什么。

◎告诉孩子其他发泄情绪的方法

有时候孩子发脾气，只是因为他们不知道其他可以发泄情绪的办法，而习惯了用这种方式去发泄。

父母可以告诉孩子，生气是正常的，他也可以发脾气，但是一定要遵循一个原则，那就是不能伤害自己和他人。比如，对着身边人大声叫喊就不太合适，更不能用砸东西、打人等暴力手段来表达生气。父母要鼓励他们找到更合适的宣泄方法，比如跑步、打球、到一个无人的地方大声呐喊等。

孩子发牢骚，做个耐心的倾听者

我的孩子上初一的时候，有一天放学回家和我说，老师今天在班上问了他们一个问题："你们是不是不愿意像小时候那样，总是回家和父母说学校的事情了？"还不等我问他怎么回答的，他就自顾自地说了心里的想法。

他说，他当时就默默摇头，心想：不是这样啊，我天天都跟我爸妈说学校的事情。可是他看见班上大部分同学在非常用力地点头。他对此是真的感到不解，回来还问我："不和爸妈说和谁说，谁也不说不憋得慌吗？"我笑了笑说："可能他们会和别人说呢。"

之后他就把话题转到了别的地方去，像往常一样开始滔滔不绝地和我讲起了今天在学校发生的事情，开心的、不开心的都有。我也像往常一样任由他发着牢骚，认真听着并且时不时回应两句，只在感到他需要帮忙的时候，才会发表下自己的意见。

其实我也问过我的学生类似的问题："你们回家后会把学校的事情和家长分享吗？"年级越高，持否定答案的孩子往往也越多。

在与孩子们的交流中我发现，这不单纯是因为孩子年纪增长后独立意识增强了，父母的态度和反应同样影响着他们和父母沟通的意愿。如果父母能够耐心地倾听他们的倾诉，他们会很愿意与大人说话。

班主任有话说

有些孩子的倾诉欲是很强的，他们每天都会在学校遇到很多事情，内心其实很渴望有人和自己聊天、听自己说话。只不过有的父母常常是一边做着手头的事情，一边听着孩子跟自己说话，不是表现得漫不经心，就是表现得略有烦躁。

孩子是很敏感的，他们能够非常清楚地感知到父母在听自己说话时的情绪。如果他们经常感觉到父母并不在乎自己说了什么，或者不喜欢听自己说话，那么他们也会慢慢失去与父母交流的欲望，降低对父母的依赖和信任程度。

有的父母还没听孩子说两句话，就开始发表自己的意见，评价孩子的行为。父母这种“绝对领导”的位置，很容易引起孩子厌烦，让他们不愿意再和父母说出自己的真实想法。

最初与孩子建立人际交往关系的人就是父母，如果孩子与父母之间的交流出现了问题，那么可能也会影响孩子人际交往的能力。比如，不喜欢向父母表达自己想法的孩子，在面对别人时可能也会习惯性地隐藏自己的真实想法，不敢过多地与人交流。

况且，孩子发牢骚其实有利于他们的身心发展，还可能会提高学习效率，因为他们可以通过发牢骚来调节负面情绪。

父母能够认真且耐心地倾听孩子发牢骚，让他们有充分倾诉的意愿和勇气，对他们的成长来说是一件很重要的事情。

班主任为你支招

那么，孩子发牢骚时，如何做个耐心的倾听者呢？

◎只分析，不做决定

孩子在发牢骚的时候，父母不要轻易给予评价，多与孩子商量和讨论，甚至只是回答孩子的问题，或者做一个承载孩子牢骚的“树洞”。如果孩子真的需要帮助，父母可以帮他们多分析几种可能性，多给几种建议，但是决定权还是在于他们自己。

◎专注地看着孩子

被看着，对于孩子来说，代表一种关注和默许。当孩子和父母说话的时候，如果父母能够专注地看着他们，就好像在告诉孩子：我在听你说的话，你很重要，你说的内容也同样重要，我对你说的话很感兴趣，你想说什么都可以。

孩子会被这种受到关注和重视的感觉鼓舞，从而愿意与父母分享自己的心事。

◎听的过程中积极反馈

父母在认真听孩子说话时，可以偶尔给孩子一些积极的反馈，向他们表示自己正在认真听，并且对他们说的话题感兴趣，以此来鼓励孩子说出更多相关的情况和细节，同时也能让彼此的沟通一直进行下去。

比如，使用一些邀请式的语言，“这样啊……”“你继续说，我听着呢”“你的感受是什么，给我讲讲吧”，或者一些积极的提问，“后来发生了什么”“你是怎么做到的”，等等。

◎使用肢体语言

父母在倾听孩子说话时，使用一些肢体语言可以有效辅助沟通。比如，身体微微前倾，适时地点头和微笑，给予鼓励的眼神，以及适度的拥抱，等等，这些都能让孩子感受到父母真诚的态度。

孩子压力大，提供有效的情感支持

“小孩能有什么压力，我们压力不是更大？”“他学习累，那我们还得赚钱养家，不是更累吗？”……在我和父母沟通的时候，一说起现在孩子压力大的话题，有不少家长都这样回应我。如果孩子的内心挣扎未被父母理解，压力便会加剧。

小曼的学习状态一直不错，为人也活泼开朗，可是快到中考的时候，我发现她变得安静了不少，还开始频频在课堂上犯困。我把这个情况反馈给了她妈妈，对方说孩子最近睡眠变浅了，总是半夜起来，这可能就是她上课犯困的原因，还表示自己会督促她早点睡觉。

我有点担忧，同时也提醒她，孩子可能是因为马上要中考了，压力大，所以睡眠质量才会下降的。她却表现得不以为意，还和我说不用担心，只是小孩子心性不定，马上要升学了不适应而已，然后她就匆匆忙忙地结束了沟通。

后来，小曼的状态仍然没有转变，我就单独与她沟通了一下。在沟通期间，我清晰地感受到了她对于学习的压力，她说自己已经多次因为作业做得不好和考试成绩不佳而失眠了，非常担忧自己中考的情况。而最令她难受的是，她上次和妈妈说了自己压力大的时候，妈妈却只是轻飘飘地回了她一句："你们现在太脆弱了，什么压力都承受不住，我们那时候不比你们的条件艰苦多了？"然后就催促她去学习，没了下文。

孩子在每个阶段都会面临不同的压力，父母应该为孩子提供最有效的情感支持，成为孩子最坚强的后盾，让他们感受到无论面对什么，他们都不是孤单的，而不是还要他们对抗父母的不理解。这样孩子才能健康、有能量地成长。

班主任有话说

大多数父母都不明白，自己明明已经尽力在给孩子提供优渥的生活条件和教育资源了，孩子只要在学校好好学习就行，他们还有什么压力可抱怨?

其实，父母看待压力的视角和孩子看待的视角不同。对孩子而言，那些在父母眼中毫不起眼的压力，可能沉重得让他们喘不过气来。

青春期的孩子，课业负担加重，考试、成绩和升学等问题常常让他们感到焦虑。还有如何达到父母的期望、如何处理同伴关系、如何与老师沟通、如何认识自我、如何规划未来等问题，都可能成为他们压力的来源。

很多父母低估了孩子所面临的压力，尤其是心理层面的压力。哪怕他们的物质条件改善了，可精神上承受的压力仍是不容忽视的。

如果承担的压力过重，处于这种压力下的时间过长，孩子可能会从心底感到，自己竭尽全力仍无能为力，从而一蹶不振。甚至他们可能会在某一瞬间崩溃，做出一些过激的行为。

孩子在向父母倾诉压力时所渴望的，是情感上的共振，是感受到爱、温暖、接纳和支持，而不是父母的敷衍和推拒。如果父母只是给孩子提供物质条件，而没有提供任何情绪价值，那么孩子虽然身体上成长了，可内心却会缺乏滋养，没有力量，也不会感到幸福。

孩子只有在父母这里感受到爱的流动，才会有承担更多压力、面对更多成长难题的能量。

班主任为你支招

那么，如何给孩子提供有效的情感支持，帮助他们减轻压力呢？

◎在家中养个宠物

如果孩子喜欢宠物，而父母同意他们在家中养个宠物，这对孩子来说，本身就是一件十分治愈的事情。而且孩子如果能够在学习了一整天后回到家中抱抱宠物，也有助于他们从紧张的状态中恢复平静。

宠物还能成为孩子的倾诉对象，他们可以通过向宠物倾诉烦恼而减轻心理负担。另外，从照顾比自己弱小的宠物中，孩子还可能会获得一种成就感和满足感，从而提升他们的幸福感。

◎坦诚表达自己的感情

有些父母不习惯和孩子直接表达感情，可是有很多误会就是因为彼此沉默造成的。父母坦诚地向孩子表达爱和支持，能让孩子安心不少。

比如，在孩子失落或不安时，给他一个拥抱，然后告诉他：“你是我的孩子，这是无论你做了什么都不能改变的事实。如果有令你感到不安的事情，或者需要我帮忙解决的问题，都可以第一时间告诉我。只要不违背原则和底线，我都会帮助你。”

◎赞扬孩子的非学习成就

无论孩子成绩如何，在一些家庭聚会等公开场合，父母都可以和别人分享一下他们除学习之外的，性格、运动、艺术等方面的优点或长处。这会让孩子感受到，父母对自己的个性是包容和认可的，自己在父母心中有很重要的分量，并且不会因为自己的学业成绩等问题而受到影响。

第七章

班主任教你如何让孩子主动学习

树立目标感，激发孩子学习的内驱力

孩子的学习问题，一直是家长和我讨论最多的话题。不少家长都和我抱怨过，孩子一点儿也不知道主动学习，非要自己逼着才会去读书、写作业，学习效率还低得很。于是有人忍不住问我：“老师，就没什么办法让他们自己主动去学习吗？”

我会告诉他们，有方法，那就是要激发孩子学习的内驱力，让孩子拥有主动、积极学习的动力。

我们班上有一个孩子叫童童，他其他科目的成绩还不错，唯有语文落下了一大截，成绩徘徊在60分左右，很难达到70分。我刚教他的时候，每次上课，我都能感受到他的心不在焉。

我找他谈了几次话，一开始我只嘱咐他要好好学习语文，但是他的状态没有什么变化。我意识到可能是因为“好好学习语文”这个概念对他来说太模糊了，于是我后来和他说，我们一起定一个目标，到期末考试的时候，你要提高10分。他当时有些犹豫：“老师，我真能提高10分？”我说：“当然可以，这是我们两个的任务，你要对我们有信心。而且，只要每一部分提高几分，提高 10 分一定没问题，现在我们一起制订一个小计划。”

我把语文科目给他拆分成了阅读理解、作文、基础知识等模块的学习，和他商量，从当下开始，每天轮流做几道相关的题目，或是看几篇文章，然后可以随时与我进行讨论。每次讨论的时候，我都会尽量找出他问题或见解中的特别之处予以夸奖。渐渐地，他来找我的次数多了起来，上课也好好听讲了，学习态度明显变主动了，成绩也有了显著的进步。

其实，要激发孩子的内驱力，可以通过帮助孩子树立目标感和价值感来实现，就是让他们对自己的学习方向和目标有一个清晰的认知，知道自己要学习什么、学习想要什么结果等。

有了目标感和价值感的孩子，不用大人逼着去学，就会自主地为了想要达到的目标而努力。

班主任有话说

父母需要注意的一点是，要激发的一定是孩子的内驱力，而不是让他们拥有外部驱动力就可以。

什么是外驱力呢？其实就是父母以奖励驱动孩子去做某件事。虽然这样的方法可能有立竿见影的效果，但是它也具有明显的副作用，滥用奖励会在无形中削弱孩子的内驱力。

因为孩子可能会逐渐形成习惯，只有在奖励的推动下，他们才愿意去学习，没有奖励时就不去学了，或者不断地要求父母给予更多奖励。

这时他们的动力完全来源于外部奖励，而与学习这件事无关。可是学习是孩子的任务，而不是父母的。如果孩子学习的动力来自父母的奖励，他们可能会觉得学习就是为了父母，那么他们对学习的投入程度自然会很低。

只有孩子把学习当作满足自身需要的事情，他们才会自愿去投入，学习的状态才会更持久。

给孩子树立目标感，就是要让孩子拥有一个想要达到的目标，并且让他们知道，努力学习可以帮助自己达成这个目标。这时，哪怕他们没有任何外部奖励的驱动，也会拥有自主学习的内部动力。

有些家长说，给孩子树立目标了，但是孩子总是敷衍了事。其实这是因为，目标是父母赋予孩子的，而不是孩子自己想要的。在很多孩子心中，那些由父母制定后传达给自己的目标，都是对自己的一种管束，所以他们自然不会认真去完成。

目标的制定需要孩子亲身参与，至少要得到孩子的认可，他们才会形成一种目标感，才愿意为之付出努力去完成它。

班主任为你支招

那么，如何才能给孩子树立目标感，激发他们学习的内驱力呢？

◎目标要具体，不模糊

父母帮助孩子一起制定目标时，要让孩子清晰地知道他们需要做什么，以及如何判断自己的进步。因此，设定的目标要具体，比如“成绩提高 10 分”而不是“学好这一科”；设定的目标可以用数字衡量，比如“每天背一首古诗”“每天做两道题”等。

◎把大目标拆分成小目标

父母可以帮助孩子，将暂时难以实现的大目标拆分成并不遥远的小目标。比如大目标是在数学考试中成绩进步，那么小目标就可以分为不同模块的学习和进步，如代数、几何等。目标定得小一点儿，让孩子觉得通过一点点努力就可以实现，他们会更愿意去完成。

提高专注度，
让孩子学习时坐得住

有一段时间，我发现班里的学生小莫上课时总是自顾自做些小动作，不是东张西望，就是和人说悄悄话，甚至还会到处串座位。我把这个情况和他妈妈反映了之后，他妈妈显得非常焦虑，还告诉我其实孩子在家里的表现也是这样。

她说，小莫在家里做作业的时候最忙了，一会儿说看看电视，一会儿说吃点零食，被他爸爸训着在座位上坐了 5 分钟，又跑出去摆弄其他东西了。结果本来半小时就能做完的作业，花上一小时也没做完。

为了孩子写作业时能够专心一点儿，她和她老公现在轮流在旁边监督他，直到他把作业完成。可即便他在写作业的时候不去干别的事情了，也很少一次性把一科的作业做完，不是写着写着走神了，就是写这科作业的中途时不时地换换别的科目的作业。

孩子学习时坐不住，总是容易开小差，几乎是低年级孩子的一个普遍问题。这不光让家长烦恼，作为老师，我也经常为它头疼。

“坐不住”其实就是注意力难以集中的表现。如果孩子在学习上

难以专注，就很难养成自主学习的习惯，长期下去，孩子的学习成绩势必会受到影响。想要让孩子的学习效率提高，孩子专注度的培养至关重要。

班主任有话说

低年级的孩子读书、写作业二三十分钟后就想动一动，去做点别的事，其实是很正常的事情。有研究表明，专注力是随着年龄的增长和大脑的发育逐渐提高的。孩子的年龄小，专注的时间自然会短一些。

而且，他们正处于对世界充满好奇，自控力又没有发育成熟的阶段，摸索和探索是他们学习过程中非常重要的方法之一。他们需要活动起来，但是大部分的学习时间却要求他们是静态的，他们过多的精力无处发泄，因而显得躁动不安就不奇怪了。

有些家长意识不到这一点，他们认为正是因为孩子平时太喜欢动了，所以才静不下心来。于是，有的家长会强行要求孩子在放学回来后静坐写作业，还要求他们坚持一两个小时，希望以此培养孩子专心做一件事情的习惯；有的家长送孩子去学习书法、围棋等需要静心的课外兴趣班，让他们从事需要安静的活动，以培养他们坐得住的能力。

但其实丰富的活动，尤其是户外活动，对于提升孩子的注意力是有很大帮助的。要他们像大人一样，专心且安静地只看着书本学习，还坚持一两个小时，那才是有些强人所难。

如果父母一直让孩子参加各种补习班、兴趣班，孩子可能根本无法消化那么多东西，自然也会表现出不专心。当然，如果学习的内容对孩子来说太难，难以挑战，或是太容易，没有任何挑战性，他们也容易在学习时走神。

孩子好动不一定是坏事，也不一定就是“多动症”，父母不用过于担心。而孩子的专注度是可以培养的，只是父母要给予孩子正确的引导，而且要有耐心，不可操之过急。有时候，不轻易打断孩子正在做的事情，也是对他专注度的一种保护。

班主任为你支招

那么，如何提高孩子的专注度，让孩子学习时坐得住呢？

◎营造适合学习的环境

孩子的注意力如何，其实与周围环境有很大的关系。在一个安静的环境中，孩子才能避免干扰，从而将注意力持久地保持在一件事情上。当然，父母不用刻意变得小心翼翼，走路时蹑手蹑脚，生怕发出一点儿声音打扰孩子，那样反而会让气氛变得压抑和紧张。

父母只要给孩子创设一个独立的学习空间和适合学习的环境就可以。比如给孩子准备一个固定的学习场所；书桌、书架都收拾干净整齐，玩具也都收好；房间内尽量不要放电脑、电视等物品；文具准备齐全，省得需要用时四处翻找；父母不在孩子屋外大声打电话、看电视，或者时不时进来询问孩子的作业进度等。

◎逐渐延长专心时间

父母不要一开始就给孩子定很高的标准，比如要求他们连续专心学习 30 分钟甚至一小时等。如果孩子一开始只能专注 10 分钟，那就用计时器或闹钟给他设定 10 分钟的写作业时间，并规定好他在这个时间内需要完成的任务量。

如果孩子能够专心完成，父母可以给予表扬，然后让他休息几分钟再以同样的方式去学习。当孩子完成得很好时，父母可以鼓励孩子，“我们再多加5分钟怎么样”，逐步延长一次性的学习时间。

找到成就感，孩子的厌学情绪消失了

有一次家长会结束，小鹏的父母找到我，说孩子在家经常念叨自己不想上学了，还总找借口不学习，他们耐心劝过也责罚过，但就是什么用都没有，实在不知道该怎么办了。

我听了家长的话后，找了个时间与小鹏聊了聊。他告诉我，从小到大，无论自己做什么，都不能让父母满意，满分 100 分的卷子，考了 97 分，也会被说“还差 3 分”。这让他觉得自己再怎么努力学习也没用，就一点儿也不想学了。

我从孩子那里知道，他的父母从小就是学霸，所以一直对他的期望很高，觉得他理所应当就该优秀，也从来没有认可过他的成绩，这让他压力非常大。

了解了孩子的想法后，我又与他的父母进行了一次沟通，和他们分享了一下孩子厌学的原因，并建议他们平时多给孩子一些表扬和鼓励，孩子的积极性或许就会有所提高了。他们认可了我的建议，也答应我平时会多表扬和鼓励孩子。

班主任有话说

要让一个人喜欢上做某件事情，成就感提供的驱动力很重要。孩子对学习有没有兴趣，关键在于孩子能不能从学习中获得成就感。

孩子的成就感，一部分来源于他们对自己所完成事情的感知和认知，一部分来源于外部环境的认可和鼓励。

每个孩子的内心深处，其实都是渴望被父母认同的。如果孩子总是达不到让父母满意的状态，无法从父母那里获得正向的反馈，那么他们心中的成就感就会被破坏掉，从而变得排斥、厌恶学习。

如果孩子在向父母表达自己完成某件事情或取得某种成绩的喜悦时，父母能够及时给予积极的回应，那么孩子的内心就会产生一种满足感和成就感。这种感受会让他们觉得做这件事情是有回报的，是能够得到认可的，于是他们就会更加主动地往相同的方向付出努力。

年龄越小的孩子，因为对自我的认知尚不成熟，往往越需要父母的表扬和鼓励，以此来增强自己的信心。

孩子的成就感，还有一部分来源于内在的体验。从内在体验获得成就感的关键是，让孩子产生“我努力，我就能”的信念。孩子做完某件事情后，会对自己的能力有所评估和判断。当孩子从一件事情中获得了成功的体验，他们就会真实地体会到“我能”的感觉。

如果发现孩子在学习上有所抗拒，父母不妨创造机会让孩子获得一次成功的体验，或是给予他们一次正向的反馈。当孩子从学习中获得成就感的时候，他们对学习也就不会再抗拒了。

班主任为你支招

那么，如何帮助孩子找到成就感呢？

◎记录并肯定孩子的小进步

父母在生活中要仔细观察孩子，并关注孩子一点一滴的进步，然后对他们的进步给予肯定和表扬。比如，孩子做作业的速度变快了，错误率下降了，父母可以对孩子说："真厉害呀，我看你这几天做作业更认真了，难怪错误率这么低。"这也是在告诉孩子，他认真的态度和所有努力的表现，父母都看见了。

如果孩子身上微小的进步容易被忽视，父母可以试着把孩子的行为记录在纸上，时常看一看，对比一下，往往就会有所发现了。

◎让孩子做父母的"小老师"

每天在孩子放学之后，父母可以让孩子给自己"教学"，讲讲今天新学到的知识，比如语文课文的意思、数学公式的运用等。

在孩子"教学"的过程中，父母有不懂的地方就多问问孩子，当父母表现得颇为受教时，孩子会非常有成就感。如果孩子不能解答父母的问题，可以让孩子第二天问问老师，这样他们对第二天的学习也会有所期待。

◎复杂内容分步骤学习

有些学习内容对于孩子来说过于复杂，父母可以帮助孩子将它们分解成小步骤，让孩子逐步练习和掌握。比如，英语复杂句子的学习，可以让孩子先学习短语和从句，再逐步去理解整个句子。

步骤被分解后，任务难度也就下降了，孩子更容易做到，目标完成的回馈周期也缩短了。父母可以在孩子每完成一个小步骤后，给予他一定的表扬或奖励，这样能增加孩子的成就感，促使其自然而然地坚持下去。

激发兴趣，启动孩子内心的“小马达”

我一直认为，“兴趣是最好的老师”这句话很有道理。孩子有了兴趣，才会有求知欲，而求知欲会促使孩子主动去学习更多、更深入的知识。

有一天，我发现我的孩子在看新发下来的英语书，看得非常认真，还时不时用手机查单词，连我站在他旁边都不知道。这个举动让我觉得有点奇怪，因为他以往并不喜欢学英语。等他终于有其他动作后，我轻声打趣道：“今天竟然主动学起英语了，这么棒啊！”

他有点不好意思地和我说：“我没学啊，就是把上面的图画看完了，还挺有意思的。”孩子的话启发了我，后来我在讲《群鸟学艺》这篇课文时，精心准备了很多鸟的图片，还给他们展示了一个麻雀模型，告诉他们，今天有一群可爱的鸟朋友来到了课堂。孩子们一看见图片和模型都高兴得不行，那一整节课的氛围都十分活跃。

其实我知道，学习对于很多孩子来说，是一件枯燥、无聊又没有吸引力的事情，因为语文课文中都是大段大段不想看的文字，数学课本中都是精简到极致后难以理解的公式和定理，等等。

正因为知道这一点，所以我经常会在课堂上尝试多元的教学方式，争取让孩子们从有趣的教学方式中感受到学习的乐趣，以免他们对学习产生厌烦的情绪。

每当有家长来问我怎么才能让孩子喜欢上学习的时候，我都会告诉他们，要让孩子觉得学习这件事情本身是有趣的。当他们对学习产生了兴趣，就会主动去学习，同时把学习当作一种享受，而不是一项被强迫去完成的任务。

班主任有话说

捧着课本苦读并不是唯一的学习方式，有教育家说过："没有丝毫兴趣的强制性学习，将会扼杀学生探求真理的欲望。"

孩子的学习兴趣越浓厚，积极性就越高，自然就会越学越好、越学越快，这又会促使他们加深对学习的兴趣，从而形成一种良性循环。对孩子来说，兴趣无疑是最好的学习方式。

要激发孩子的学习兴趣，父母首先要明白，孩子对什么感兴趣，比如游戏。不少父母大概都有过这样的感受，孩子一学习就没精神，却能玩很久的游戏，原因就在于游戏对他们有着强烈的吸引力。

如果父母能够寓教于乐，将知识点融入游戏中，或者让学习的过程变得像游戏一样有趣，也许孩子在还没有体会到自己是在学习还是在游戏时就已经学到知识了，这将是对孩子兴趣最有力的支持。

另外，当孩子要学习的知识与现实生活有一定的联系时，他们通常会表现得更为关注。因为当他们运用所学知识解决了生活中的实际问题时，他们会觉得学习很有用，自然就会对学习上心了。

班主任为你支招

那么，如何激发孩子的学习兴趣呢？

◎角色扮演学课文

父母可以试着把语文课文或世界名著中有故事情节的内容当成剧本，和孩子一起进行角色扮演活动。

在角色扮演之前，父母可以大致给孩子介绍一下故事人物，和他们一起商定各自要扮演的角色，比如和他们说：“我们今天要进入《西游记》的世界了，你想成为谁呀？”然后和孩子一起选择一个他感兴趣的情节来演绎。

这样的角色扮演活动，能够加深孩子的参与感，给他们带来一种像游戏一样的有趣体验，还能帮助他们更清晰地梳理文章内容。

◎引导孩子用数学知识算账

父母可以让孩子自己保管压岁钱，或者每隔一段时间就固定给孩子一点儿钱，让他们自己算账、理财等。这期间，父母可以给孩子提供一个记账表格，引导孩子将收入原因、收入金额、支出原因、支出金额等记录进去。

因为这笔钱是孩子自己掌管的，为了不算错，他们通常会很认真地学习并运用其中的数学知识。

◎用大富翁游戏学数学

父母可以和孩子一起玩一玩大富翁游戏，并且在游戏开始之前告诉他，他是今天的银行家，要负责发钱、收租金等。这样做能够让孩子自主计算游戏中的资金流动，并在游戏过程中不断练习数学加减法的运用。父母还可以试着将数学习题的一些知识点融入游戏关卡中，具体的形式包括填空题、计算题等。

我在孩子小时候就曾与他玩过这个游戏，当时孩子最喜欢的就是学习新的数学知识点，因此他对数学的学习非常主动。

做好时间管理，让孩子告别学习拖延

有一天，我在朋友圈中看到有家长发：“一个晚上，孩子只做了五道选择题，想吼她硬是忍住了，我快忍出内伤了。”下面有很多我认识的家长给他评论：“冷静！每次陪写作业，我都得灌三大杯凉水。”“我闺女是擦了写，写了擦，我也要气出内伤了。”……

拖延、磨蹭是孩子学习上的一个常见问题，不少家长都向我吐槽过。小净妈妈就曾和我说，自己每天都要盯着小净写作业，可越是盯，她越是慢，非要熬到 10 点才写完作业，还是非常潦草地写完。每次看见孩子慢腾腾的样子时，她就气不打一处来，觉得孩子肯定是在故意和自己对着干。

其实，孩子有拖延的行为可能并不是故意的，只是因为他们还没有时间观念。他们不明白什么时候该干什么，又为什么一定要在那个时候做那些事情，所以他们身上也就不存在紧迫感，做事情自然就显得慢慢悠悠了。

父母只有帮助孩子形成一定的时间观念，才能进一步帮助他们做好时间管理，从而让孩子告别学习拖延。

班主任有话说

孩子与成年人对时间的感知是不一样的，父母口中说的分钟、小时、天等用来表示时间的单位，孩子可能根本不明白是多久，所以他们很难在父母设定的“规定时间”内完成应该完成的事情。

很多父母在和孩子约定时间的时候，总是从自己对时间的感知出发，说一些模糊的时间点，比如和他们说“一会儿我来检查你的作业”“十几分钟你就得把这些题写完”，等等。

对孩子来说，时间本身就是一个非常抽象的概念，而这些并不明确的时间点，更容易使孩子疑惑，“一会儿”“十几分钟”是到什么时候？

如果父母根据自己的感知在“一会儿”之后去检查孩子的作业，那么孩子可能会感到很不公平，因为他们觉得离“一会儿”的时间还早着呢。

当父母要求孩子快点的时候，他们更是不知道“快点”究竟有多快，为什么要快点呢？因为他们心中没有“浪费时间”的感知，做事快慢全凭自己的心意和节奏。比如，玩喜欢的游戏时，一两个小时都觉得短，而写作业、听课时，可能 20 分钟都嫌长。

只有让孩子实实在在地看到、感受到时间的存在，才能将他们的时间观念培养起来。

班主任为你支招

那么，如何才能让孩子拥有时间观念，远离拖延呢？

◎时间节点要明确具体

时间节点的设定，就是要让孩子在规定时间内完成该完成的事情。如果时间节点不明确，孩子就无法安排或遵守时间。

父母如果想要和孩子约定一些时间，就要明确且直接地告诉孩子，比如写作业这件事，父母可以直接说："我 30 分钟后来检查你的作业。"然后给孩子定好 30 分钟的闹钟，时间一到就根据孩子的完成度进行适当的奖励或惩罚。

父母也可以多定一个提前 10 分钟的闹钟，这样当孩子听到第一个闹钟响后会产生一种紧迫感，进而更加快速地去完成作业。

◎让孩子亲身体验高效利用或浪费时间的不同结果

父母光用语言很难将时间观念传输给孩子，只有让他们亲身体验过高效利用时间的甜头和浪费时间的苦头，他们才能更好地建立起时间观念。

比如，如果孩子完成作业的速度比平时快了半小时，父母可以给予孩子肯定，并和他们说："今天你作业完成得很快，接下来你有半小时的时间可以自由支配。"

如果孩子因为写作业拖拉而错过了与朋友约定好玩游戏的时间，父母可以先安抚孩子的情绪，再讨论拖延时间的得失，比如和他说："这太遗憾了，你没能完成作业，就没时间和朋友去玩了。下次争取写得更快一点儿，更早完成，就可以和朋友出去玩了。"

亲身经历和体验，能够让孩子对时间有更加深刻的感知。

◎制订时间计划表

父母可以和孩子一起，用列清单、画时间表等方式，把孩子要做的事情提前一天记下来。在这个过程中，父母可以给孩子提出合理的建议，提醒孩子根据事情的紧迫性和重要性来进行区分。比如，哪些事情是要第一时间做的，哪些事情可以缓缓，哪些事情必须在特定时间段做，等等。

这期间，尽量让孩子主导计划的制订，这样他们才会更加认可时间表，并愿意主动去执行。

第八章

班主任教你
如何帮孩子搞好社交关系

孩子有点“社恐”，怎么办

我遇见过性格各异的孩子，有些孩子活泼好动，也有些孩子内向腼腆。内向腼腆的孩子中，有的孩子是天生性格如此，有的孩子则是因为存在社交焦虑，也就是我们常说的“社恐”。

诚诚的妈妈在我刚接手他们班的时候，就来找我聊过，和我说孩子有点“社恐”，希望我在平时多关照他一点儿。

她还给我讲了一件关于诚诚的事情。她说自己带着诚诚去参加朋友聚会的时候，其他孩子都挺活泼的，聚在一起玩，只有诚诚一直紧挨在她身边待着。有人到她身边想要逗逗诚诚，结果孩子就躲在她身后连头都不敢抬。见孩子这样，她只能和别人说孩子有点怕生，然后待了没一会儿就带着诚诚离开了。她拜托我的时候显得非常焦虑，担心孩子一直这样会对他的日常生活和学习造成妨碍。

很多“社恐”的孩子在学校里，遇到不懂的问题不敢问，平时也不敢甚至排斥与同学和老师交往，这确实对他们的日常生活和学习很不利。所以，父母才需要对孩子做好正确的教育引导，让他们从自我孤立的状态中走出来。

班主任有话说

其实大部分孩子在面对人多的场景或是与陌生人交流的时候，都或多或少地会产生一点儿紧张感和焦虑感，这是很正常的事情。大多数时候，孩子们是可以自我调节好的。

但是，如果孩子在与人交往的过程中受到过伤害，或者有过主动交友失败的经历，而因为这种不好的经历产生的负面情绪一直没能被排解，他们可能就会不自觉地对社交感到不安、紧张和焦虑，甚至在与别人交往的时候，还会伴随心慌、出汗、脸红、发抖等生理反应，那这样的“社恐”就需要父母帮助了。

“社恐”的孩子一般都会有一些敏感和自卑，他们自尊心强，对自我的要求很高，很害怕被别人拒绝或批评，也担心自己在社交场合表现不佳，所以他们在社交时，难免会感到紧张和不安。这源于他们内心对于社交的不自信，当他们找到社交的自信心之后，自然就不会惧怕与任何人交往了。

要培养孩子的社交自信心，就要给孩子创造自主进行社交的机会。如果孩子跟外界接触的机会比较少，缺少与同龄人沟通和交流的经验，他们的社交能力就得不到培养和提升，久而久之，社交自信心也会随之下降。

父母要帮助孩子增加社交成功的经验，保护好他们的社交自信心，才能有效帮助他们克服“社恐”。

班主任为你支招

那么，如何帮助孩子克服“社恐”呢？

◎不强调孩子“社恐”

如果父母发现孩子有些害怕与别人交往，首先要尊重孩子的想法，不要过于强硬地要求他们去与人进行社交，否则会给他们造成很大的压力，让他们更排斥社交这件事。

父母哪怕心中想让孩子改变一下“社恐”的状态，在当着孩子的面时，也要尽量避免让孩子听到你对他的评价是带着“社恐”和“内向”标签的。因为孩子往往会从别人的口中去认识自己，有时候他们可能还没有到“社恐”的地步，反而是在别人的一声声评价中，潜移默化地变得不敢与人交流了。

◎鼓励孩子到同龄人聚集的地方游玩

父母可以多带孩子到游乐园、公园等同龄人聚集的地方游玩，鼓励孩子认识、结交新朋友。如果孩子不知道如何主动开口，父母可以给孩子提供帮助，教他们怎么主动开口，比如说“我可以和你一起玩吗”“我可以加入你们吗”。如此，孩子可能很快就能交到同龄的新朋友了。

就算孩子仍然不想主动去交新朋友，只是看着其他同龄人交往互动也可以，这也是一种学习社交的方式。慢慢地，受周围环境和氛围的影响，孩子也会逐渐变得主动起来。

◎**脱敏法增加社交经验**

父母可以用脱敏法引导孩子进行从熟悉到陌生、从简单到复杂的社交互动。比如先让孩子与亲戚朋友交流，等他们不再紧张时，再让他们与邻居等一般熟人接触，最后与陌生人进行接触。这样逐渐增加孩子的社交经验，直到他们不会再因为与人交流而恐惧。

在让孩子逐渐暴露于社交场合之前，父母还可以先用情景模拟的方法，帮助孩子锻炼社交技巧，让他们不至于在之后遇到相同场景时手足无措。比如，父母可以告诉孩子，遇见陌生人时如何做自我介绍，想要和新朋友分享自己的东西时如何开口，等等。

如何引导孩子正确择友

孩子交友这个问题，一直很受家长关注，朋友对孩子来说，影响也确实很大。我发现，很多孩子在面临一些让自己感到有压力的事情时，比如考试失败、竞争班委落选等，比起父母，他们和同龄人在一起时的情绪会更好。可见，一段好的友谊能够让孩子获得情感支持。

但是，并不是所有朋友对孩子来说都是有益的，如果交到了不良的朋友，他们对孩子的负面影响同样深重。

小溪是上学期快结束时转过来的学生，她刚转过来的时候成绩很不错，上课态度也认真，可是过了一段时间后，我发现她上课时睡觉的次数增多了，连作业也完成得很不认真。

我注意了小溪一段时间，发现她与隔壁班的几个孩子走得很近，经常在课下去找她们玩。而那几个孩子上课也不认真，有的上课睡觉，有的上课说话，被老师发现后批评过很多次。

我把小溪的情况和她妈妈说了一下，也从她妈妈那里知道，孩子最近几乎每天被人叫出去玩，一玩玩很久，回来后写作业都要写到半夜。她说自己会管教孩子的，我提醒她在劝孩子的过程中态度不要太强硬，以免孩子逆反。她说自己知道，让我安心。

后来我发现小溪仍然经常去找隔壁班的几个孩子玩，但是她和那几个孩子的学习态度明显认真了很多。

我再次和小溪妈妈沟通的时候，问了她是怎么和孩子说的。她说，她只是让小溪回忆了一下之前自己的学习状态，然后告诉她朋友应该互相监督、共同进步才对。作为朋友，她应该带着别人一起好好学习，这样她们就能受到老师的表扬而不是批评了。孩子觉得妈妈说得有道理，于是就向她保证，以后要带着朋友好好学习。

孩子的年龄尚小，他们对朋友的认知很简单，还不具备良好的判断是非和对方品行的能力，无论是好的还是坏的方面都很容易受到影响。父母要教给孩子正确的交友原则，引导他们建立真正互益的友谊，以免他们陷入不当的交际圈。

班主任有话说

孩子对待交友这件事，往往都比较以自我为中心，只相信自己看到的和感受到的。如果父母直接和他们说“你交到了坏朋友”，他们可能会认为，是父母不够了解自己和朋友才会这么说的。所以，父母用强硬的手段去阻止孩子交友往往会事与愿违。

但是孩子交友的问题，父母也不能放任不管。孩子虽然有一定的自我判断能力，但是这种判断力可能并不成熟。比如，有的孩子会误将“哥们儿义气”当作勇敢，去帮助朋友打架闹事；有的孩子会觉得不良少男少女的设定很酷，认为与之结交并模仿他们的行为是彰显个性；等等。

他们或许并没有意识到和这样的人成为朋友，或者直接效仿成为对方那样的人，具体不好在哪里。只有让他们从内心明确不良行为是有弊端的，了解真正的朋友应该是什么样的，他们才会拥有择友的正确判断。

对孩子来说，一个好的朋友如同一个可靠的同盟，会在他们需要时提供帮助，会在他们脆弱时给予关心和爱护。好的友谊应该是让孩子感到被接纳和理解，感到自己是重要且有价值的。

真正的朋友会推着孩子往前走，让他们进步，而不是拉着他们共同沉沦。

班主任为你支招

那么，如何引导孩子正确择友呢？

◎教给孩子择友的标准

父母可以教给孩子择友的标准，比如，鼓励孩子和正直、诚实的人交朋友，不和品行不端、染有恶习的人交往。

当孩子了解了择友的标准后，自然不会轻易陷入交友误区。当然，与孩子交往的朋友不可能十全十美，父母要引导孩子学会辨别朋友身上有哪些方面是值得学习的，有哪些方面是需要改正的，等等。这样，即使孩子交到了某方面有问题或缺点的朋友，也不会受到不好的影响。

◎给孩子“找朋友”

父母可以主动帮助孩子发现和筛选朋友，这不是强制让孩子和谁交往，而是通过开家长会或是参加小型聚会等活动，对孩子周围的同学进行观察和了解，然后把自己发现的“好朋友”推荐给孩子。

父母可以给孩子之间“牵线”，比如邀请小朋友和他们的家长来家中做客，让孩子们趁机熟识起来。同时，在观察到一些有不良行为的孩子时，父母也要及时提醒自家孩子，客观描述自己看到的事实，让孩子自己衡量那位朋友是否值得交往。

怎样帮孩子建立友好的师生关系

孩子在学校交往得最多的人，除了身边的同学，就是任课老师了。孩子不喜欢某一位老师，这在我的教学工作中并不少见，也一直是我非常注意的事情。

孩子对老师的情感往往会迁移到对学科的情感上去，师生关系会直接影响到孩子的课堂体验和学习成绩。良好的师生关系往往有助于孩子更好地适应学校生活，对学习有更高的积极性；而师生关系的冷漠甚至对立，则可能会让孩子讨厌学习，成绩下降。

菲菲有一段时间数学成绩波动比较大，我和她妈妈沟通后得知，孩子在家说过很多次不喜欢数学老师，也不想学数学了。菲菲妈妈对此感到很无奈，尽管她已经为数学老师说了很多好话，但菲菲的态度就是没有缓和，还越来越激烈。

我找菲菲聊了聊，因为担心会引起孩子的反感和抗拒，我尽量用一种立场中立的表达去询问孩子："你和数学老师之间发生什么事情了吗？"菲菲告诉我，她觉得数学老师不喜欢自己，因为她总感觉自己在他那里受到了不公平的对待，随后她还和我讲了几件事情。

了解了孩子心中的想法后，我又去找数学老师聊了聊，告诉他，菲菲一直处在觉得自己被不公平对待的情绪中，又把孩子耿耿于怀的几件事情跟他提了一下。他听到后很惊讶，因为他完全不知道孩子会这样想，当时他的处理方式也是有原因的。

得知前因后果后，我把菲菲的家长约来了学校，然后带着菲菲和数学老师一起开了个小会，把话都说开了。后来，菲菲妈妈和我说，孩子的情绪来得快，去得也快，她再没有说过讨厌数学老师，也挺喜欢学数学的。

班主任有话说

孩子与老师的关系不融洽，可能有很多方面的原因。有些孩子非常抵触老师的批评和管束，他们会觉得老师管得过于严苛，让自己感觉不自由；有些孩子则是因为觉得自己被错怪和冤枉了，因而讨厌老师。

无论是哪一方面的原因，如果父母在发现孩子对老师有抵触情绪时，立刻就质疑孩子对老师的评价，那样只会加剧孩子对老师的对抗，让他们更想要为自己辩解。当然，如果父母无条件地站在孩子那一边，跟着孩子吐槽老师，则会强化孩子对老师的敌对态度。这两种做法，都不利于师生关系的调和。

孩子在向父母叙述自己是因为什么事情而讨厌老师的过程中，他们可能会下意识地偏向自己。而有时候，老师的本意虽是想要教孩子上进，但可能会因为情况了解得不够全面，而对孩子做出错误的批评；或者对孩子的关心有所疏漏，造成孩子的误会。

所以，父母不妨在了解清楚双方的实际情况后，再针对性地考虑如何化解孩子和老师之间的矛盾，缩短他们之间的心理距离，帮助他们建立良好的师生关系。

班主任为你支招

那么，如何帮助孩子建立良好的师生关系呢？

◎日常维护老师形象

孩子只有在心中对老师产生足够的尊重和敬仰之情，才会从心底里愿意主动与老师建立良好的师生关系，进而对学习上心。而要让孩子尊重老师，父母首先要对老师有充分的信任和尊重。

父母可以在生活中，时不时地在孩子身边说一些老师的好话，肯定、赞扬老师，在潜移默化中增加老师在孩子心中的好印象，让孩子更加信任老师的教育。

◎鼓励孩子多与老师沟通

父母可以鼓励孩子主动与老师进行沟通，比如遇到不懂的问题多问问老师，积极参与班级活动，心中有什么解不开的疑惑或排解不了的思绪，也可以与老师谈谈。

这样能够增加老师对孩子的了解，也能让师生之间的交往频繁起来，增加师生之间的联系。

◎温和引导孩子对老师的抵触情绪

如果孩子对老师有抵触情绪，父母要允许孩子发泄，在他们发泄的过程中，只要做到倾听即可。

等孩子情绪稳定下来后，父母可以询问孩子发生了什么事情，鼓励他们说出事情原委，再帮助孩子进行理性的分析。如果是孩子有错，可以和孩子说："上次我见老师还夸你了呢，说你最近表现得很好，就是还有一点儿小问题……老师应该是想让你变得更好吧。"

如果是老师的问题，父母可以鼓励孩子与老师进行一次坦诚的沟通，或者自己与老师说明情况后，由老师出面和孩子把话说开。总之，沟通能够让大部分复杂的误会和问题迎刃而解。

敢于拒绝，教孩子高情商地说“不”

小哲的妈妈时不时就会来问问我，孩子在学校有没有出什么状况，有没有被别人欺负。哪怕我已经告诉过她很多次，孩子在学校很好，没有被欺负，她仍然感到很焦虑。

因为小哲从上幼儿园开始，就由于性格过于老实内向，与别的小朋友在一起时总被欺负。当时有孩子抢他的玩具、笑话他，他从来不会反抗，玩游戏时被分到了不喜欢的角色，也不知道拒绝。刚上小学的时候，小哲班上的同学还经常让他帮助做事，比如做值日、跑腿买东西等，小哲虽然不愿意，但是也没有拒绝过。

小哲妈妈还告诉我，现在很多人都夸奖小哲老实、懂事，可她一听见这话就难受，她倒是希望孩子的性格能强硬一点儿，遇到不想答应的要求能够直言拒绝，这样至少不会受委屈。

我很理解她的心情，不懂得拒绝别人的孩子，可能会被别人当成“好欺负”的人，受到不公平的对待，这对孩子的伤害很大。这也提醒父母，在关注孩子的成绩之余，让孩子学会合理维护自己的权利，拥有敢于拒绝他人的勇气也十分重要。

班主任有话说

孩子不敢拒绝别人，可能是因为害怕被别人责备或讨厌。如果父母总是表现得过于强势，常常忽略甚至拒绝孩子的合理要求，代替孩子做出所有决定，那么孩子可能会误以为拒绝了别人就代表着自己“不听话”，不是一个好孩子，而只有听话、顺从才能获得别人的喜欢，从而习惯于妥协，也不敢再拒绝和反抗别人的要求。

而且，孩子在同龄人群体中，往往会存在一种被排斥的恐惧。为了避免自己被团体中的其他人孤立、排斥，孩子通常会用讨好和迎合他人的方式去融入团体，哪怕团体内部的要求并不符合他们自己的意愿。

一旦孩子将迎合别人当成一种习惯，那么，他们可能就容易受到别人的忽视和不尊重。

有的孩子不敢拒绝朋友的要求，还可能是因为他们并不具有拒绝别人的技巧，又太过在乎朋友的感受，害怕自己的拒绝会对对方产生情感上的伤害，所以就选择忽视自己的感受来迁就朋友。

可是，如果一段友谊需要一方不断地迁就另一方才能维持下去，这段友谊就是不对等、不健康的。

或许父母该让孩子知道，拒绝别人是每个人拥有的一项合理的权利，在面对违背自己意愿的要求时，说“不”也是对自己的一种尊重和保护。父母要引导孩子去表达自己的想法，而不是一味地要求他们听从自己的意见，或是代替他们做出拒绝的行为。孩子心中越害怕拒绝他人，越需要锻炼的机会。

父母可以帮助孩子掌握更好地拒绝别人的方法，既不会让别人感到尴尬，也不会让自己感到愧疚，这样就能避免孩子心中的后顾之忧了。

班主任为你支招

那么，如何教孩子高情商地拒绝呢？

◎用“接受协商法”委婉拒绝

父母可以教孩子用“接受协商法”委婉拒绝别人的请求。当有人邀请孩子帮忙做什么事情时，孩子可以先答应下来，然后再说出客观的情况拒绝对方，比如和对方说：“不好意思啊，我本来都答应帮你了，但是我妈妈晚上突然要带我去亲戚家，如果要帮你的话就要换个时间了，可以吗？”这样对方一般也会觉得事出有因，不会影响彼此的友谊。

◎给对方一个可以接受的理由

父母可以利用日常生活中的一些事情，教孩子用另外一种别人可以接受的理由去拒绝对方。比如，孩子不想接受别人继续玩的邀请，可以说，“我妈妈要求我现在必须回家，下次再陪你一起玩吧”；孩子不想把画笔借给别人玩，可以说，“我一会儿上课也要用呢”；等等。

总之，合理的理由既能让孩子拒绝自己无法接受的要求或行为，也能够让他人心平气和地接受，避免矛盾冲突。

◎教孩子学会推迟别人的请求

如果孩子实在找不出什么理由拒绝对方，父母还可以教孩子学会推迟别人的请求。比如，让孩子说“我再想想吧”“等我想好了再和你说”“我还没考虑好，等我考虑好了再联系你”，等等。

如果孩子一直不联系对方，对方也就大概明白什么意思了。这样的方式既能让对方察觉到自己拒绝的意图，又能避免直截了当的尴尬。

告诉孩子和异性相处的正确方式

“如何教育孩子与异性相处”这个话题，我觉得不只是青春期孩子要知道。因为我发现，对于很多家长来说，从孩子幼儿阶段开始，孩子如何与异性相处就已经是令他们感到头疼的难题了。

我带一年级的时候，小盛妈妈有一天非常纠结地来找我。在和她的交谈中我得知，学校前不久发了新的延时课程表，孩子们都自己选择了想学的课程，她在和小盛闲聊时，孩子告诉她，有个男孩是因为喜欢一个女孩才去报的那门课程。

这么小的孩子就知道喜欢异性了？这让小盛妈妈非常惊讶，于是她问小盛喜欢班上的谁，小盛说了一个女孩的名字，还说自己亲了一下对方的脸。小盛妈妈当时一下子紧张起来，不知道该不该严肃地和小盛说一下这件事。她觉得孩子之间的喜欢就是和对方一起玩而已，没必要那么较真，如果过于敏感，反而影响了孩子与异性的正常相处。

可是换位思考一下，如果是自己的女儿被别人亲了，不管孩子年龄多小，自己都会生气的。虽然她已经告诉儿子，以后不能亲女孩，儿子也答应了，但她仍不放心，怕孩子觉得自己的态度随意而不重视这个问题。于是，她就拜托我在学校时多看顾一下小盛，让他和异性同学相处时保持合适的距离。

孩子与异性的相处情况，向来都是我和家长讨论时绕不开的话题。无论是孩子与异性过于亲密，还是排斥与异性的接触，抑或与异性交往时存在困惑，这些问题都需要家长有足够的耐心去帮助孩子解决，才能让孩子健康地成长。

班主任有话说

很多孩子在幼儿时期都说过喜欢谁，或是想和谁结婚的话，但这时孩子对异性和同性的喜欢其实没有什么差别，在他们心中，这些人都是好朋友，那些话也不过是出于自己的喜爱之情而产生的一种纯真的表达而已。父母不用过于担心，更不用强调对方是男是女。

如果在孩子小时候，父母就一味地阻止孩子与异性朋友亲近，或是因为异性的亲近就批评、指责孩子，孩子可能会在以后都害怕和异性交往。

孩子到了青春期之后也是一样，并非所有的异性交往都是与恋爱相关的。但是，在不同的年龄段，同样的行为于孩子而言，意义也不相同。到了青春期后，孩子与异性之间就不太适合用牵手、拥抱等肢体接触的行为来表达喜欢了。父母可以逐渐向孩子提出要求，让孩子在不断学习和理解的过程中慢慢调整情感表达的方式。

只要孩子把握好与异性相处的分寸，异性之间的交往对孩子的成长会很有好处。以学习这方面来说，男孩和女孩的思维方式通常会有明显的差异，双方在一起交流讨论，可以取长补短。

不知道如何与异性相处的孩子，随着年龄的增长，可能出现两种极端，一种是因为羞涩而远离异性，一种是大大咧咧地亲密打闹，缺乏边界感。孩子与异性之间的相处，需要掌握好一定的“度”，才不至于让他们处于这两种极端的困扰之中。而这就需要父母对孩子做出正确的引导，教他们学会与异性相处的正确方式。

班主任为你支招

那么，如何告诉孩子与异性相处的正确方式呢？

◎提醒孩子注意肢体分寸

父母可以根据孩子的年龄段告诉他们与异性朋友相处时，应该保有的距离和界限。在孩子幼儿时期，可以告诉孩子，友好地拉拉手可以，但是不能随便拥抱亲吻别人，更不能触碰别人的隐私部位。

在孩子长大些，比如到青春期后，要提醒孩子，在与异性相处时避免在肢体上有大的接触，比如牵手、勾肩搭背等。

◎鼓励孩子坦然与异性交往

当我发现孩子在我面前提起与异性朋友的交往开始有点不自然的时候，我跟他开诚布公地沟通过，很坦白地告诉他，与异性交往很正常，没什么特别的，男孩和女孩之间也可以有纯粹的友谊。之后，他再提起自己的异性朋友时就显得自然多了。

父母可以坦诚地和孩子聊聊这个话题，告诉孩子，与异性接触和交往并不是一件需要遮掩和感到羞耻的事情，鼓励他们坦然和异性交往。

◎交往方式要公开

父母要告诉孩子，与异性朋友交往时，要尽量公开进行，以在集体活动中交往为主，如果需要单独与异性交往，也要注意时间、地点和场合的选择，尽量选在公共场合。这样更容易消除异性相处之间的不自在，也避免引起误会。

第九章

班主任教你
如何引导孩子正确使用电子产品

不要轻易用电子产品打发孩子

洋洋妈妈在开学第一天跟我说，让我把孩子的座位往前安排一下，因为孩子的眼睛高度近视，座位靠后他就看不见黑板上的字了。

说起孩子为什么这么小眼睛就高度近视了，她显得非常难过。她和我说，孩子小时候时常哭闹不止，给他讲道理听不懂，直接发脾气又哭闹得更凶，无奈之下，她发现孩子对电子产品很感兴趣，于是就把手机给他看了。

这个方法的效果可以说是立竿见影，孩子立刻就停止了哭闹。于是，她就干脆给孩子买了个平板电脑，孩子一哭就给他。可是时间一长，她发现孩子总是频繁地用手去揉眼睛，远一点儿的东西好像都看不清似的。她带着孩子去医院一检查，才知道孩子已经近视了。

我发现很多家长都会用电子产品去哄孩子，因为这样做的效果实在是太明显了，孩子无论处在多么激动的情绪里，电子产品都能立刻吸引他们的注意力，让他们安静下来，家长也能够轻松许多。

但是，这个看似效果显著的哄孩子的方式，也在悄然伤害着孩子，实在不是一个值得提倡的方式。

班主任有话说

小孩子的视觉系统发育得不成熟，有不良刺激和用眼负担过重时就会影响他们的视力发育。孩子在使用电子产品的时候，不会像大人一样知道保持合适的距离，他们总是很容易近距离盯着电子屏幕看，长期下来就非常容易近视。而一旦孩子出现近视，再怎么保护眼睛也无法恢复正常视力了。

而且，现在手机或平板电脑上能够下载的软件越来越多，对孩子的吸引力也越来越大，他们一碰就容易上瘾。如果孩子沉迷其中，那他们和外界的互动和交流也会变少，这对他们的语言能力、读写能力和认知能力的发展都很不利。

如果孩子常常玩电子产品，他们的专注度也会变差。因为电子产品中的画面一般都变换得比较快，孩子一旦适应了这种快节奏，他们在学习时便很难静下心来。

不少父母都习惯在孩子大声哭闹后用电子产品让他们冷静下来，好像这样的确让孩子的情绪变得稳定了。但事实上，长期如此，这会让孩子控制情绪的能力减弱。因为这只是通过外力控制住了孩子的情绪，孩子自己并没有学会去控制和管理情绪。

如果父母一看到孩子因为玩不到电子产品而发脾气，就将电子产品给他，那么对孩子来说，是一种对不良行为的正强化，只会让他们越发习惯用发脾气或与父母争吵、找借口等方式来得到电子产品。

哄孩子的方式有很多，电子产品的效果虽然好，但副作用颇大，也不能代替父母对孩子的陪伴。父母应该关注孩子的身心健康，不要轻易用电子产品去打发孩子，以免他们受到电子产品的不良影响。

班主任为你支招

那么，如何哄孩子呢？

◎让孩子做感兴趣的事

父母可以根据孩子的喜好给他们准备一些工具，供他们闲暇时玩一玩，比如书法、绘画或益智游戏等都可以。

书法可以准备些笔墨纸砚和字帖，绘画可以准备些简单的简笔画或漫画，益智游戏包括华容道、拼图等。对这些事物感兴趣的孩子，哪怕只有自己一个人也能玩很久，从而让耐心和专注力得到培养。

◎带着孩子进行户外活动

父母可以带着孩子到户外进行活动，比如去公园、游乐园等地方游玩，或者去散步、骑行等。户外运动不仅可以帮助孩子宣泄负面情绪，还能帮助他们锻炼身体，让他们的身体更有活力。而且，父母与孩子一起参加户外活动，也能增加亲子之间的互动和亲密度。

◎陪孩子一起阅读

在孩子需要父母哄一哄的时候，大多数情况下孩子只是感到无聊，想要父母多陪陪自己而已，父母不妨利用这个机会和孩子一起阅读。

父母可以在家中准备一些孩子感兴趣的书籍，与他们一起阅读，共同探讨书中的内容。这样父母和孩子之间的共同话题也会多很多。而且，父母的行为会成为孩子的榜样，父母和孩子在一起的时候，尽量少看手机，多读书，孩子对阅读的兴趣也会增加许多。

手机管理，堵不如疏

现在的孩子很早就开始接触手机了，他们本身的自控力有限，手机里的世界又丰富多彩，所以他们很容易沉迷其中。

我见过不少因为孩子沉迷手机而想尽办法的家长，连我的同事盈盈也是如此。她的孩子从上幼儿园开始就对手机爱不释手，一碰到手机就两耳不闻窗外事了。盈盈说，在孩子六岁之前她还能强制性地不让他玩手机，那时候这个方法还管点用。但是，自从孩子上小学后，这个方法就没用了，她越是禁止，孩子越是想玩。

盈盈和我说，其实那时候可能不是因为手机的吸引力有多大，而是孩子想在和她的“斗争”中取得胜利，所以就想和她对着干。后来，盈盈意识到“硬管理”不行，就换了个“软管理”的方法。

她和孩子一起约定了每周可以玩手机的时间，并向孩子保证，在那段时间里自己不会打扰他。不过，她也给了孩子一个限制，那就是不能刷短视频。而且她还给孩子下载了一些围棋、识字游戏、绘画等软件，有意识地引导孩子发现手机除了玩游戏之外的功能。让她感到意外的是，这样的策略调整居然几周就见效了，孩子对手机的热切程度明显降低了很多。

对于已经沉迷手机的孩子，父母一下子就堵着不让他们玩，这几乎是不可能的事情，越不让他们做什么，他们可能反而越想做什么。堵不如疏，与其禁止，不如限制。

班主任有话说

现在手机的功能那么多，它早已经是大人生活中必不可少的东西了。其实对于孩子来说也是这样的，手机并不只是他们用来玩游戏的工具，有时候手机的社交属性对他们来说更加重要。

手机可以方便孩子了解到同学之间共同讨论的话题，让他们融入集体中。如果父母完全不让孩子接触手机，他们可能都无法与同龄人进行社交，因为其他人讨论的动漫、游戏等话题他们可能都接触不到。

而且，即便父母真的完全禁止孩子接触手机，总有一天，他们也会从其他地方通过别的方式获得手机去玩。因为无论是大人还是小孩，往往都是别人越不让做什么，心里反而越会对这件事感到向往和好奇。孩子玩手机就是这样，不管父母多么严肃地告诫孩子，玩手机不好、不能玩，孩子的好奇心和探索欲都不会有丝毫减少。

小时候，他们可能还会迫于父母的威严而不玩手机，可一旦父母的管控有一丝松懈，他们可能就会报复性地沉迷其中，以弥补自己那些感到不自由的时间。

从长远来看，父母给孩子一些自主管理手机的机会，其实也是在让孩子慢慢学会自律，让他们能够成长为一个对自己负责的人。

当然，这并不是说父母就要放任不管，孩子的自控力毕竟有限，父母仍需要起到监督的作用。只不过在合理范围内，如果父母能够让孩子拥有一点儿自由，再给予孩子正确使用手机的引导，或许手机管理的效果会更好一些。

班主任为你支招

那么，如何正确对孩子进行手机管理呢？

◎和孩子一起制订每日计划

父母可以将“玩手机”与写作业、练书法等事情写在孩子的每日计划里，不用强调先后顺序，也不用特意突出玩手机的特殊性，把它当作平常事一样对待，只要和孩子一起商量约定好玩手机的时长、次数即可。这样就弱化了手机的特殊性。

在制订计划的时候，要和孩子约定好奖惩措施。如果孩子没有按照约定进行，就要给予适当的惩罚，比如今天超出了玩手机的时间却还没停止的话，明天玩手机的时间就要减少。

计划制订时要充分尊重孩子的意见，对于自己参与制订的计划，孩子会更容易产生责任感。

◎从内心信任孩子的自主管理能力

在把手机交给孩子的时间里，父母要充分信任孩子，不要总犯嘀咕，想着“他还有多少作业没写完”“他玩了十几分钟了，还不够吗”等问题。对于孩子来说，真正让他们感到自由的并不仅仅是时间，如果父母在这期间总是对他们唠唠叨叨，他们还是会感到被控制。只有让孩子真的感受到自己拥有自主权，他们才能渐渐学会自我管理手机。

只要孩子没有违反每日玩手机的相关规则约定，哪怕他的安排不符合父母的期望，比如他决定先玩手机再做其他事情，父母也不要干涉和批评。

满足心理需求，让孩子不再依赖手机

很多家长和我反映，孩子在家中太过沉迷于手机了，玩手机能玩到废寝忘食，学习顾不上了，也不听自己的话了。因此，手机让不少家长深恶痛绝，他们觉得孩子都是被手机耽误了。

小喆妈妈找到我说，孩子在家里简直是沉迷游戏无法自拔，一拿到手机整个人就亢奋了，就算明天要考试，也要先玩几局游戏再说。她和老公打也打了，骂也骂了，就是没什么用。

作为班主任，我见过了太多案例，我知道一味地指责和制止孩子玩手机并没有什么用，在孩子正为手机“上头”的时候，跟他讲沉迷手机的危害更是无效。于是，我试着去了解了一下小喆所玩的游戏，然后找个时间和他聊了聊。

我告诉小喆我也玩过那个游戏，但是玩得不好，不知道它好玩在哪里。他一听我的话，开始滔滔不绝地讲起来。他谈及游戏时十分自信，还说自己在游戏中交了很多好朋友，在他们之中，他是打得最好的那一个。

与小喆谈话时我发现，他所描述的游戏中的自己，似乎与现实中的自己不太一样，他在班里很少和同学们一起玩，也没有与同学们产生过冲突，但在游戏里他有很多好朋友，也常常与人互怼。

我那时意识到，或许正是小喆在手机游戏中得到了在现实世界里自己期待却没有拥有过的感受，所以他才会沉迷其中，比如群体归属感和成就感。

很多沉迷手机的孩子大概都是如此，无论他们沉迷的内容有什么不同，其背后都隐藏着一个或多个得不到满足的心理需求。

既然一味地指责和制止孩子没有用，父母不妨试着用询问代替指责，了解一下孩子究竟为什么会沉迷手机，这背后的动机到底是什么，然后再从根源去解决问题。

班主任有话说

很多父母都想不通，手机到底有什么好玩的，能让孩子一天到晚地对着它而不愿意与自己说话。其实，手机的“好玩”之处在于，它更能“取悦”孩子。

以手机游戏为例，孩子在游戏中每闯过一关就能得到奖励，玩得好了还能得到别人的崇拜和赞赏。这种及时的认可，会让孩子的虚荣心和成就感得到极大的满足，他们自然就会喜欢玩手机游戏。

而且，在游戏世界里，孩子的容错空间是很大的，即便他们失误了、输了也不会受到谁的批评。这一点对有些孩子来说至关重要，尤其当他们在现实生活中总是得不到别人的认可，并且一出错就会被狠狠批评时，他们会渴望通过沉浸在游戏世界里以逃避现实。

手机中的虚拟世界还是很多孩子生活压力的宣泄口。当他们在现实生活中感受到了来自学业、社交、家庭关系等方面的压力，又找不到合适的倾诉对象时，就会选择在网上与陌生人互动，或者沉浸在娱乐视频中，暂时忘记现实的困扰，获得短暂的放松和快乐。

很多孩子看似是被手机吸引，实则是因为他们在生活中没有得到充足的关心和爱护，所以才想到手机的虚拟世界中去寻找安慰。如果有比手机更能让他们感到快乐、感到被需要和被爱着的地方，他们对手机的喜爱程度自然也就下降了。

父母想让孩子不再沉迷手机，就要去关注并了解孩子的心理需求，然后让他们的心理需求在生活中得到满足，而不是去手机世界中寻找。

班主任为你支招

那么，如何让孩子不再依赖手机呢？

◎提供替代活动

父母可以了解一下孩子的兴趣爱好，或是有哪些期待去做的事情，比如游泳、打球等运动，也可以鼓励孩子参加一些音乐、绘画的兴趣班，或是时常带他们和小区里的孩子一起玩。

参加运动和兴趣班不用要求孩子非要做得多好，只要让他们的精力转移到其他的娱乐项目上去，体验到除了手机之外的其他事物的快乐就好。当他们在现实生活中找到了乐趣，自然就会减少对手机中的虚拟世界的依赖。

◎用心陪伴

孩子需要陪伴，父母要多抽出一些时间陪在孩子身边，并起到带头作用，在孩子面前尽量少玩或是不玩手机，与他们多做些其他的事情。比如，可以和孩子一起读书、玩游戏、做运动等，如果自己想不出要做什么，那就跟随孩子的想法，陪着他做想做的事情。

或者和孩子聊一聊各自觉得有趣的事情，这样父母还能及时知道孩子身上发生了什么。重要的是，父母在和孩子相处的时候要有交流和互动，让孩子真的感受到自己在被陪伴着。

父母高质量的陪伴和沟通，能够有效避免孩子手机成瘾。

如何让孩子把手机当作工具来使用

很多家长都问过我，孩子以学习需要为由想要一部手机，自己应不应该给他？我通常都会和家长好好沟通一下孩子在学校、家里的日常表现，然后再给家长一个建议。

有的家长一想到孩子自己拥有一部手机就非常紧张，总觉得手机会给孩子带来不好的影响。但事实上，手机本身只是一个工具，父母应该防备的并不是手机，而是孩子沉迷手机中的不良内容。只要父母好好引导孩子，手机完全可以成为他们学习上的助力。

有一天，在宿舍值班的老师给了我一部手机，说是她前一天晚上从我们班上一个叫小诺的学生那里没收来的。学生带手机违反学校规定，但是小诺一直都是很稳重的孩子，之前也没有违反过纪律。我把她叫来，问了她事情的缘由。

小诺和我说，她没有玩手机，就是用手机搜了搜题。之后她又向我保证，自己绝对没有直接抄答案，只是因为物理作业中实在有不明白的点才想看看解析的。她还主动给我看了她用来搜题的软件，里面不仅给出了题目的答案，还提供了各种不同的方法。小诺说，软件中有时候会出现自己从没见过的解法，还能总结公式，她用这个软件已经很久了，上次物理成绩的提高就多亏了它。

之后，我又问了小诺妈妈。她妈妈也和我解释，手机是她让孩子带去学校的，而且孩子说的都是实话。然后我在小诺放假前把手机还给了她，告诉她这确实是不错的软件，但手机不能带到学校来，在学校有不会的问题可以直接问老师，手机这个“小老师”可以到家里去问，她也答应了。

班主任有话说

尽管有的孩子会打着“学习”的旗号，用手机去玩游戏、抄答案，但不可否认的是，手机上的各种软件本身并没有什么问题，它们客观上确实能够帮助孩子的学习变得高效、便捷。比如，搜题类软件可以找问题解析，整理类软件可以扩充错题库等。

而且手机还给孩子提供了一个灵活的移动学习平台，让他们能够不受时间、地点的限制进行学习，他们可以将上学路上、课间休息等碎片化时间充分利用起来。这种学习方式可以作为传统课堂学习方式的补充，如果孩子能够好好运用起来，那么他们的学习效率和学习质量都会提高很多。

手机上的教育资源极为丰富，且获取的方式不再受到地理位置的限制，孩子可以在手机上轻松找到各种学术文章、研究资料等内容，它们能够极大地拓宽孩子的知识面。手机的各种教育软件，还会提供多种游戏化的学习模式，更容易激发孩子的学习积极性。

手机是一把“双刃剑”，它既可能成为孩子误入歧途的源头，也可以增加孩子的见识和阅历，开阔视野。关键在于，父母要让孩子自主地意识到手机是一种方便、快捷的学习工具，那么手机就不存在什么危害了。

班主任为你支招

那么，如何让孩子把手机当作工具来使用呢？

◎不断强化手机的作用

记得我的孩子很小的时候问我：“为什么你和爸爸都能看手机，就我不行呢？”我非常坦诚地告诉他：“因为爸爸妈妈要用手机进行学习和工作，它是必不可少的工具，而你现在还没有上学，也没有上班啊。”

此后，每次我用手机的时候，都会和孩子说我用手机来做什么，比如“为了查资料”“为了学习新知识”，等等。在他长大一点儿之后，我还会刻意给孩子重复一句话：“手机是学习和工作的工具。”后来，他拿起手机的时候，通常都是为了看一些知识性的内容。

语言的不断重复，对孩子来说有一种强化作用。父母可以时不时地就给孩子传递一下“手机是工具，而不是玩具”的信号，时间久了，孩子在潜意识里关于手机的定位也会变成“学习和工作的工具”了。

◎用手机播放学习内容

父母可以有意识地用手机播放一些内容优质的知识性视频，比如《跟着动物老师学发明》《航拍中国》等，让孩子知道手机除了用来游戏和娱乐，里面还有很多有趣的知识可以去学习。

这些优质的视频内容，如果运用得当，可以帮助孩子在很多领域产生兴趣。比如，我在孩子刚刚接触历史的时候，看他因为对知识背景的了解太少而学得很费力，就找了一些视听资源，用孩子感兴趣的动画来吸引他，等他自己有了一点儿了解，也产生了兴趣之后，再引导他去读书就容易多了。

正确引导，
有效保护孩子上网安全

我在和小俊妈妈沟通的时候，她和我说了一件令她感到忧虑的事情。起因是，小俊打游戏的时候，有人在游戏里申请加他为好友，说想要他帮忙教自己打游戏。孩子也刚好想多个好朋友，一听这话立刻就答应下来了。

后来，他们两个常常在一起打游戏，小俊也把对方真的当成了好朋友，还时常向父母提起对方。小俊妈妈说，当时她就提醒过孩子好多次，网上认识的能有什么好朋友，结果孩子每次听这话都不乐意，之后也就不和他们提了。

过了一段时间，等她查看手机账单的时候才发现不对劲，手机里多出来很多不明转账。她再三询问孩子后才知道，小俊网上交到的那个“朋友”多次以“买游戏皮肤”这类的理由，引导小俊用父母的手机进行转账。他们发现的时候，手机累计转账金额都过万了，于是他们报了警。

她说，孩子最后才相信自己是被“朋友”骗了，她一想到孩子这

么单纯，都不敢让他上网了。

有很多父母担心孩子在网络上受到不明伤害，而自己又难以及时帮助到他们，所以就会生出让孩子远离网络的想法。但是现在，不让孩子接触网络显然是不太现实的，所以对孩子的网络安全教育就非常值得父母重视。

班主任有话说

网络上存在着很多不易察觉的危险，网络诈骗就是其中一种。孩子的年龄小，社会经验少，尚且缺乏良好的判断能力，很容易掉进诈骗分子的陷阱，被别人忽悠着进行金钱交易。

比如，网上有很多所谓的“网红”，会通过展现一些低俗、暴力的不良内容，或是承诺抽奖等方式，去诱导涉世未深的孩子进行消费。而有不少孩子都会沉迷其中，甚至愿意为了自己喜欢的网络主播花费巨额资金进行打赏。孩子自己没有钱，就会偷偷去使用父母的手机，等父母发现端倪的时候，往往已经花出去不少钱了。

网红打赏、网络游戏充值等，这类诱导孩子花费大量金钱的陷阱，有时候还会吸引孩子走向网贷。

有的孩子对金钱、利息没有什么概念，看见网络上那些短期、小额的贷款活动的广告，就以为靠节约生活费就能偿还了，于是欣然参加。而贷款机构正是利用孩子思想单纯、防范意识弱的特点，肆意赚取他们的钱。

网络中还存在着很多看不见的硝烟，比如，网络谩骂、诋毁、散布谣言等网络欺凌的行为，这对孩子造成的伤害不比线下的肢体欺凌少。有的父母一发现孩子遭遇了网络欺凌，就想要阻止孩子使用网络。但是这样的行为，可能会让孩子不再想向父母倾诉网上的烦恼。因为在孩子心中，网络欺凌很难过，但是被限制上网的结果可能更难以接受。

父母当然要阻止网络对孩子的伤害，但是强制性地禁止不是一个好办法，而且父母也不可能时时刻刻保护孩子在网络世界不受伤害。只有让孩子学会保护自己、鉴别信息，他们才能健康地成长。

班主任为你支招

那么，如何正确引导孩子，以保护他们的上网安全呢？

◎引导孩子辨别真实和虚假信息

网络中的虚假信息层出不穷，父母要提醒孩子，在搜索信息后，要注意验证消息的来源，比如查看网站和作者的资质等，或者从多个渠道核实一下信息，然后再判断信息的可信度有多高。

有些看似真实的信息，实则带着过多的感情色彩，比如网络上的广告信息，这种经过过度渲染和夸大的信息也可能属于虚假信息，父母要提醒孩子注意警惕。

◎教孩子保护个人隐私

父母要教育孩子，在网络上要保护好个人隐私，不要泄露与自己和家人有关的任何信息，比如姓名、学校、家庭住址、联系方式等。

另外，父母还要提醒孩子，如果遇见可疑的链接和网页，要注意甄别，不要轻易点击进去，账号密码和支付信息也要保密，最好在网络社交平台上进行相应的隐私设置。

◎提醒孩子区分真实朋友和虚假朋友

我在孩子第一次告诉我他在网上交到了一个朋友的时候就提醒他，在网络上交朋友可以，但是要知道，网上好人坏人都有，谁都不能保证在网络世界另一端的人是什么样的，所以有些敏感和隐私的话题不能轻信对方，更不能向对方全盘托出。最重要的是，不能私下与对方单独见面，如果想要见面，可以告诉爸爸妈妈，我们可以带着他一起去。

父母要提醒孩子，在网上交友要增加警惕性，告诉孩子，真正的朋友不会让他做令他感到为难的事情，比如瞒着父母私下见面，或者偷用父母的手机转账等。